死と向き合う言葉

先賢たちの死生観に学ぶ

呉 智英×加藤博子

KKベストセラーズ

死と向き合う言葉

先賢たちの死生観に学ぶ

まえがき――死、この不条理なもの

死は恐ろしい。死をも恐れぬ勇気という言い方があるのは、死が最も恐ろしいからである。生物はすべて死を恐れる。死ねば生き物ではなくなるのだ。死は生物の対極にある。一方、人間はあえて死を選ぶことがある。かつて遊郭に売られた娼婦はその日のうちに自殺することが多く、楼主はこれを最も警戒したという。また、大東亜戦争末期から敗戦時、サイパンで満洲でさらに沖縄で集団自決があった。死によって幸も不幸も一切が消えるからである。サソリは野火に囲まれると、自ら毒針で自殺するといわれるが、生物学者はこれを否定している。人間だけが時に自ら死を選ぶ奇妙な生物である。

死はこれほど重大事でありながら、戦後七十余年の豊かな社会の中で忘れられがちになった。平均寿命は一貫して延びている。一九五〇年代には六十歳台であったのが、一九七〇年代には七十歳台となり、一九九〇年代には八十歳近くになり、現在は男女ともに八十歳を超えている。現在しばしば「生きづらい時代」などといわれるが、少なくとも寿命を基準にして考える限り、生きやすい時代になり、死が見えにくくなっている。

しかし、死は必ず誰にも来る。永久に平均寿命が延び続けることはあり得ない。このたびのコロナ禍のように大規模な疫病が突然流行することもあるはずだ。

死を忘れるな memento mori、人間は mortal、死ぬべき運命にある。

死は誰にも訪れる。平等に訪れる。死は平等の最も確実な根拠である。しかし、本当にそう言い切れるだろうか。宗教学者の山折哲雄《やまおりてつお》（一九三一〜）は二〇二〇年四月十八日の朝日新聞で次のように言う。

「死は老衰のはてにある者だけでなく、幼少のあどけない童子にも、容赦なく襲いかかる。富者にも貧者にも分け隔てなく鉄槌《てっつい》を下す。容赦なく分け隔てがないゆえに、これほど残酷で不平等なものもない。そして、いつでも理不尽に襲ってくる。善人にも悪人にも分け隔てなく」

そうか。生の不平等がそのまま死の不平等につながるのか。満ち足りた人生にも満たされない人生にも、満ち足りるか満たされないかまだわからない人生にも、死は「平等」に襲いかかるのだ。

死とは何か。哲学者・文学者など先人たちはどう考えてきたのか。それを今こそ振り返っておこう。

本書はこのような意図で企画された対談録である。対談の相手をしてくれたのは哲学者の加藤博子さん。大学で哲学・文学の講義をする一方、カルチャーセンターなどでも講師を務める。先年『五感の哲学』も上梓された。構成者は作家の適菜収氏。対談中に自らも発言もしている。私も加藤さんも、肩肘を張らずに、軽やかに和やかに、しかし真剣に、死について考え、語ってみた。死という不可解なものが、いくらかでも理解できるようになるのではないか。

呉　智英

死と向き合う言葉　先賢たちの死生観に学ぶ〔目次〕

装幀◉竹内雄二
装画◉「鳥獣戯画」栂尾山高山寺所蔵
構成◉適菜　収

第一章 「死への問い」を問う

認知革命と死の恐怖

呉　シェリー・ケーガン（イェール大学哲学教授）の『「死」とは何か』という本が、いまもベストセラーになっています。加藤さんも、これをカルチャーセンターの授業で使っているそうですが、非常によくまとまっている。もとが大学の講義だけあって、要点を非常に巧みに、しかもわかりやすく解説している。世界各国で翻訳出版され、累計四十万部以上のベストセラーというのも、もっともだと思う。

加藤　私はカルチャーセンターで、ケーガンの本を受講生の皆さんと精読しています。高齢の方々こそ、どう死んでいったらいいのか、残り少ない日々をどう過ごすか、死をどう捉えたらいいのかと、考えています。尊厳死の問題もあります。誰もが、自分の思うように死にたいんですよ。死にたくないわけではない。人様に迷惑をかけずに死にたいと、切に願っている。悔いなく死ぬためには、死をどう考えればよいのか、それが問われている本だと感じて、ケーガンの本を読みたいと思っておられるのです。誰にでも必ず訪れる死を、ただ恐れるのではなく、むしろさまざまな考え方を知りたいということですね。

呉　ユヴァル・ノア・ハラリ（一九七六〜／歴史学者）の『サピエンス全史――文明の構造と人類の幸福』と訳者（柴田裕之）が同じです。同じ訳者が気に入っただけあって、非常に明快で、かつ網羅的な叙述の仕方は共通してるものがあると思ったね。

加藤　ケーガンは、道徳哲学、規範倫理学が専門。一九九五年の着任以来、毎年開講されている「死」をテーマとしたイェール大学の講義は、常に人気が高いようです。『「死」とは何か』という本は、その講義をまとめたものですね。ただ、私はケーガンの議論には、限界があると思うのです。死とは、実は悪いものではないという見方が示されていくのですが、そのとき彼は、死を悪いものと捉えるのが一般的だという前提に立っています。死は怖いし、誰もが死にたくないと思っているでしょう、しかしそうでもないのです、というふうに議論を進めていく。だから、いや、もう死にたいんだよ、別に死が嫌なわけではないんだよ、うまく死にたいだけなんだよ、と思っている者にと

シェリー・ケーガン『「死」とは何か』

っては、そこですでに疎外感が漂います。

呉　死を考える時に、大きな二つのポイントがある。一つは人間の有限性の問題。有限は「不完全」と言い換えてもいいでしょう。人間は、あるいは生命は、不完全で有限なものであるということ。もう一つは自己の一回性ですね。別の言い方をすれば、自己の非代替性といってもいいし、非再現性といってもいい。つまり、この私しか、私ではないということです。有限な存在だからこそ、そういうことが起きるわけです。ただし、このことを認識できるのは、生物のなかで、人間だけではないか。すべての生物はどれも有限だけれども、自己の一回性ということがわかるかどうかについては、人間以外の生物には疑問がある。

人間に近い知能を持っているといわれているチンパンジーを使った実験に人間との対話を試みたものがある。でも、チンパンジーは、口頭言語では会話ができそうもない。それで、手話の形で会話をしたりする。そうやってチンパンジーに「死とは何か?」と聞くと、聞くというのも変だけどさ、手話でどのように聞くのかはわからないけど、一生懸命、説明するんだろうね。すると、チンパンジーはなんか「遠くへ行く」ということを示すらしい。俺はこの話を一〇〇%信用してるわけではなくて、「らしい」

としか言えないけどね。もっと下等な動物は対話が成り立たないけど、自らが死に近いところに追いつめられたり、自分たちの仲間の死を見た時に、どう反応するかを考えるとね、人間ほど深いことは、考えていないのではないかと思われる。

加藤　そう見えますね。

呉　さまざまな苦痛の延長線上に死があるから死は怖いということは、彼らもわかっている。たとえば、けがをしたり、猟師に撃たれたりして、非常に苦しむ。その先に死がある。だから、それが怖いということはわかるのだけど、死そのものへの恐怖とは違う。やはり人間しかそこのところは理解できていないだろうね。死そのものが怖いということは、自己の一回性、自己の非代替性を自覚しているからだ。ケーガンもこの二つの問題を出しているけど、これが人間の死の恐怖だと思う。

ユヴァル・ノア・ハラリ

加藤　もう二度と戻れないという怖さ、悲しみですね。

呉　自己の一回性、あるいは非再現性を、恐怖と感じること。これはハラリの本の中にも出てくる「認知革命」に関係している。認知革命という言葉はヨーロッパの哲学者たちの間ではわかりやすいかもしれないが、われわれには、非常にわかりにくい。認知革命は、原語ではコグニティブ・レボリューションという。俺なんか年齢的にもう認知症に近くなってきたけど、日本語では普通何かがわかることを認知という。文字通り、認め知るから認知なんだ。でも、ハラリの言う「認知」は少し意味が違うんだよね。わかりにくいんですよ。

加藤 確かに「認知革命」の「認知」と、「認知症」の「認知」は、違うのに同じ言葉で、ややこしい。

呉 同じ例としては最近、さまざまなところで言われるようになったけど「表象」という言葉がある。何かというと表象、表象です。大学では、表象なんとか学部みたいなのができるくらいになっている。

表象は、原語ではリプレゼンテーション。リ＝プレゼントだから、現実にある（プレゼント）ものを、もう一回、頭の中で繰り返すから、リプレゼントなわけだよね。プレゼントが現存しているものであるとするならば、幽霊を頭の中に描いた場合は、表象なのかという疑問が出てくる。幽霊は存在していないわけだから。もともとプレゼントしていないものだから、表象じゃないということになるんだね。だけど、現在、表象というと、ものを頭の中に思い浮かべるとか、あるいは象徴、シンボルの意味でも表象という言葉は使われていて非常にわかりにくくなっている。

加藤　人は目の前にないもの、非現実のもの、それも見たこともないようなもの、虚構を脳裏に浮かべることができる。それはイメージでもあり、シンボルを成立させる力でもある。それが人間の特質ですよね。

　それは、一七〇〇年代後半からのドイツの観念論哲学やロマン派でも考えられていて、イマヌエル・カント（一七二四〜一八〇四／哲学者）は、その力を構想力（アインビルドゥングスクラフトEinbildungskraft）と呼びます。ビルト（Bild）は「像、イメージ」で、それを脳裏に浮かべることができる想像力です。創造力とも書くこともあるし、私は幻創力と捉えています。幻をも像として支え得る不思議な力。

イマヌエル・カント

呉　うん。さらにいえば、代議制・代表制のことを、リプレゼンタティブというでしょ。これも、人民の意見を代表するからリプレゼント。存在している人民を、もう一回繰り返しているからリプレゼントなわけでね。これもなかなかわかりにくい。まとめて言うと、リプレゼントは、代表という意味でも使うし、象徴という意味でも使うし、頭の中で思い浮かべるという意味でも使う。

心理学で表象というときは、単純にあるものを頭の中に思い浮かべるという意味に使う。その時には、プレゼントしていない幽霊なんかでも頭の中に浮かべれば、とりあえずリプレゼントというんだね。哲学では幽霊の場合はリプレゼントでは適切ではないという人もいる。いずれにしても、言葉が非常にわかりにくいね。特に、日本の場合、哲学なんかの場合は、それを外国語から翻訳してるから、よけいにわかりにくい。

ハラリの認知革命も、むしろ、虚構を作る能力の出現、フィクションを作る能力の出現と考えたほうがわかりやすい。これを認知というから、非常におかしくなる。では虚構革命といえばわかりやすいかというと、別の意味でわかりにくい。

それはさておき、ともかくこうした「虚構の能力」が現れてから、人間の歴史は発達し、文明・文化が始まり、さまざまな問題が起きるようになったというのが、ハラリの説。七万年前から三万年前にかけて、人類は船、ランプを発明した。芸術と呼んで差し支えない最初の品々も、この時期にさかのぼる。これら前例のないものはサピエンスの認知能力（虚構を作る能力）から起こった革命の産物であると。それがネアンデルタール人など、先行する人類を滅ぼした。この七万年前から始まった思考と意思疎通を、認知革命と呼ぶとハラリは言う。

加藤　サピエンスに備わっていた、言葉という独特の器官が発動した、と。

呉　たしかに、言語は、話し言葉なら空気の振動にすぎないし、書き言葉なら線のかたまりにすぎず、表されたものそのものではないから、虚構といえば虚構、フィクションといえばフィクションです。ハラリが言っているのは、私たちの言語が持つ真に比類ない特徴は、人間やライオンについての現実の情報を伝達する能力ではなくて、むしろ、それを、全く存在しないものについての情報を伝達する能力であるということです。「あっちにライオンがいるよ」という情報を伝達する能力ではな

ユヴァル・ノア・ハラリ『サピエンス全史——文明の構造と人類の幸福』

く、存在しないもの＝虚構を伝達するのが認知革命であると。

伝説や神話、神々、宗教、こうしたものは認知革命に伴ってはじめて現れた。それまでも、「気をつけろ、ライオンだ」と伝える動物もいた。狩りに行くと、犬が「向こうにライオンがいるぞ」とワンワンワンと主人に報告する。でも、ホモサピエンスは認知革命のおかげで、「ライオンは、わが部族の守護神だ」という虚構を伝える能力を獲得した。虚構、すなわち、架空の事象・人物について語る能力が、サピエンスの言語の特徴であると、ハラリは言っている。

加藤　すると、過去と未来、因果、物語が生まれてしまいますね。

呉　そうですね。こうした認知革命により、人間は死を怖れるようになった。自己の一回性、非代替性、非再現性を否応なく想像してしまう。動物も病気になったり、老齢化したり、けがをして苦しいと、その向こうに、もっと、なんか、怖いものがあるらしいと感じる。エサが取れなくて、お腹が減って苦しいと、大変なことが起きそうだと感じる。でもその程度で、自分の生命は、一回的なものであるとは動物は認識できない。

加藤　先ほどはカントを出しましたが、プラトン（紀元前四二七〜三四七／哲学者）の「洞窟の比喩」におけるイデアとフェノメナと重ねて捉えてもいいように思います。イデアは目に見えないけれど、想像することはできる。目に見えているのはフェノメナ、つまり現象にすぎない。これは別に難しい理屈ではなく、どんな民族にも神話があることが、その証左ですよね。

いろんな人々がそれぞれの神話を伝えてきていることは、共通している。それが後に、ユング（一八七五〜一九六一／心理学者）が、集合的無意識とか人類共通の夢として、共通のイメージを示してくれています。どの人種も、肌の色は違えども、あるイメージから共通した想いを抱く不思議さが、『サピエンス全史』で語られているのですね。

人間の有限性

呉　キリスト教と仏教は人間の有限性を考える上で、対極にある。キリスト教は、完全なもの、無限なものは存在しているという立場です。それが神ですね。つまり、神は完全であり、無限の存在であるとする。仏教は完全・無限なものはないと考える。端的に言えば、諸行無常が真理であるとする。諸々のものは常ではない。恒常なものは存在しない。つまり、すべては有限なものだということですね。

キリスト教の神、ゴッド、エホバ、ヤーウェは完全・無限なものとしてある。それに対して、ほかの諸々、人間、動物、植物、その他あらゆるものは、神の被造物であるから、不完全なものであるという認識をしている。

ところがそういうキリスト教の教理は、長い時代を経て成立したので、聖書も矛盾だらけです。神は七日間で、この世にある諸々のものを作った、最後に作ったのが人間なんだとする。その人間は、神が自分の似姿（肖像＝肖《に》た像《すがた》）として作っているわけです。ということは、逆にいえば、見たところ人間は神に似ているわけだよね。

たとえば、早稲田大学のキャンパスの真ん中に大隈重信（一八三八～一九二二／政治家、教育者）の銅像が立っている。銅像を見ると大隈重信を見たことがない人でも、「ああ、こういう人だな」とわかるわけだよね。同じように神がわれわれに似ているということになると、神の身長は全人類の平均の一七〇㎝くらいで、体重は六五kgくらいになる。でも、一七〇㎝、六五kgというのは、無限ではなくて、有限じゃないか。神は有限の大きさなのか。俺はこの前、前立腺肥大になって、おしっこが出なくなったんだけど、では、チンチンは、神にはあるのか？

神は生殖の必要はないでしょ。そもそも相手もいないし。すべてに満ち足りていれば、水や食い物を摂取する必要もない。だからチンチンなんか必要ないってことになる。神がもし裸だったらね、ものすごく変に見える。さらに考えると、チンチンの上にあるへそも必要ない。お母さんはいないんだもん。目、鼻、口もいらない。無限の能力を持っている以上、においをかぐ必要もないから鼻もない。ものを食べる必要はないから、口もない。だから、神の像というものはものすごく変ですよ。

加藤　似姿だとすれば、どんどん変なことになっていきますね。

呉　そのため現在ではキリスト教系の高校の宗教の時間などでは神の図像は描かない。三角を描く。三位一体を意味しているんだね。でも、こんなことが始まったのは、最近の話であって、昔は神の姿は人間そっくりに描かれている。有名なシスティーナ礼拝堂のミケランジェロ（一四七五〜一五六四／芸術家）の絵を見ると、神がリアルに描かれていて、アダムに手を差し伸べている。年を取った老人の、白髪で髭を生やした、貫禄のあるおじいちゃんとして神は描かれている。でも、これもよく考えると変な話で、神は年を取るのだろうかね。アダムは全裸なのに、神が白い服を着ているのは、神にへそがあったらまずいというのを隠しているのだと俺は思う。いや、アダムにへそが描かれているのも、そもそもまずい。アダムはお母さんから生まれたわけじゃないもの。つっこみ所はいっぱいあるので、このぐらいにします。さて、キリスト教的な考え方では人間は神の被造物だから、不完全なものであるとする。無限の存在ではないので、命にも限界があるとする。でも、神の分身として造られたものだから、きわめて神に近い存在であった。だから、本来なら、永遠の命も持っていた。つまり、自己の一回性、非代替性、有限性について、考えなくていい存在であったけれども、罪を犯したから神が怒《いか》って、人間を楽園から追放して、そこで死が生まれたわけですね。

でも、なんで神は人間が裏切ることを予測できなかったのか。神様、あなたは全能じゃなかったんですかという話になる。人間だったらオレオレ詐欺に騙されるかもしれない。でも、全能の神が人間に裏切られて、そのあとで怒ってる。神は先のことが読めないのかね。

平塚らいてうの「悟り体験」

呉　『創世記』には人間が神を裏切ったことによって、人間が「死ぬ存在」になり、諸々の苦しみを知るようになったとある。こう書いてあります。「神は女に向かって言われた」。この女とはイブのことですね。「お前は生みの苦しみ」、妊娠の苦しみを受けると。仏教だと、思考が根本的に違う。生老病死、この四つの苦しみを四苦という。もともと、生という字は、植物の種から茎が出て、葉が出てくるのを表している、一種の象形文字です。現在は、生きるという意味と、産む（生む）という意味の両方で使うが、漢和辞典では、最初に「産む」という項目が出てくる。これが本来の意味です。のちに生きるという意味が派生した。

四苦というのは、釈迦（紀元前五世紀前後の北インドの人物、仏教の開祖）が自分の住んでいた王宮の四つの門から出た時に、生・老・病・死で苦しんでいる人を見て気づいた、とされる。でもね、いくら王宮に住んでいても、赤ちゃんがお母さんから生まれるのを知らないはずはないので、この話もあまり信用できないけどね。

『創世記』

加藤　四苦の中の「生」とは、妊娠や出産の苦しみのことだったんですね。そう捉えると、深く納得できます。

呉　のちには「生」そのものになるけどね。『創世記』には死の起源についても書かれている。人間は神が泥人形に命を吹き込んだものだから、永続性を取り上げられれば土に戻ってしまう。そこから人間が救われる道は、神に謝り、罪を償うことだとする。そうすれば人間は無限（永遠）を取り返すことができるというのがキリスト教の考えです。イエス（紀元前六or四〜紀元後三〇頃）が人類を代表して神に贖罪する。十字架に架けられて、神の前で人間すべての死を償う。そのイエスに帰依することによって、人間はもう一回、永遠の命を得るんだということになるわけです。

加藤　聖書の泥人形の話について、ケーガンの『「死」とは何か』では、カート・ヴォネガット（一九二二〜二〇〇七／作家）の『猫のゆりかご』の土くれの場面が引用されています。泥からピョコンと命を得て立ち上がった者が、世界を創造した神の偉業を褒めたたえ、そして同じように幸運にも立ち上がった者たちと充実した時を過ごし、やがて土に還ってゆく。不運にも立ち上がらなかった土くれたちよりも、ずっと面白かったと感じながら。ケーガンが講義でこの話をしていたら、ヴォネガットの訃報が入り、『猫のゆりかご』の泥人形のようにヴォネガットは幸せを感じながら逝ってくれただろうと書いています。脱線しました。続きをどうぞ。

呉　『創世記』は旧約聖書でしたが、新約聖書の「コリントの信徒への手紙」（『コリント前書』十五章）に復活とはどういうことかが書いてある。こんなふうです。「私は、あなた方に神秘を告げます。私たちはみな、眠りにつくわけではありません。私たちは皆、今とは異なる状態に変えられます。最後のラッパが鳴るとともに、たちまち一瞬のうちにです。ラッパが鳴ると、死者は復活して、朽ちない者とされ、私たちは変えられます」。次いで「死は勝利に飲み込まれた」とある。最後のラッパが鳴って、ハルマゲドン（最終戦争）ののちに死者が復活するわけですね。コンスタンチノプルは、いまのイスタンブールですが、コンスタンチヌス大帝（二八〇頃〜三三七／ローマ帝国の皇帝）が作った。コンスタンツは永遠に続くという意味です。だから、キリスト教では、常（コンスタンツ）が世界の本来の姿です。

　仏教は無常が本来の世界の姿であると考える。完全・無限・永遠のものは存在しない。それが人間にとっての苦しみである生老病死だとする。すべては諸行無常であると悟るためには、我執を抑えなければならない。欲望は自分の身を苦しめると考える。

加藤　キリスト教も、また変わっていく。

呉　最初から一つの神なんだから、最初から一神教だという人もいる。でも、そうじゃないんだね。山我哲雄《やまがてつお》（一九五一〜／聖書学者）の『一神教の起源――旧約聖書の「神」はどこから来たのか』という本を見つけて、面白そうなので読んでみました。山折哲雄と間違いやすい名前ですけど、別人です。そこには、キリスト教のなかで、はっきり一神教が認識されるのは、『イザヤ書』だと書かれている。『イザヤ書』はいくつか段階が分かれていると宗教学者が研究して、第四十章くらいからは「第二イザヤ書」という。どうやら、作者というか発言者が違うのではないかと山我哲雄先生は言う。たぶん、そうだろうと思います。

先ほど言ったように『旧約聖書』でも、エホバ、ヤーウェ自身が「私以外の神を拝むな」と言っている。だったら、「私以外の神」はいるということになるね。それなら、完全な意味での一神教ではない。各々の部族・民族が、神、超越者を持っている。しかし、ある段階から整理・洗練されてくる。

『イザヤ書』には「私こそ主、私の前には神は作られず、私のあとにも存在しない」（四三－一〇）「思い起こせ。初めからのことを。私は神。ほかにはいない。私は神であり、私のような者はいない」（四六－九）とある。つまり、私すなわちヤーウェ以外の神は存在しないんだと断言しているわけですね。このへんからユダヤ教は一神教であることを自覚的に言いだしてる。

加藤　だからこそ、いっそう頑なになっていく感じですね。

呉　仏教では、すべては諸行無常であり、生老病死という四つの苦があるとする。それは克服したり、乗り超えたりできるものではない。そのように自覚し（覚り）、自分を鍛えるわけです。後世の禅宗になると、悟り体験という、もっと体感的な形で悟りが起きてくる。禅宗の悟りは非常にわかりにくいが、大竹晋《おおたけすすむ》（一九七四〜／仏典翻訳家）の『「悟り体験」を読む——大乗仏教で覚醒した人々』という本に興味深い説明が出ています。大竹晋は若い仏教研究者ですが、有望視されている。宮崎哲弥（一九六二〜／評論家）や佐々木閑《しずか》（一九五六〜／仏教学者）もプッシュしている。大乗仏教は本当に仏教なのか、みたいなことも検証したりしている。

山我哲雄『一神教の起源——旧約聖書の「神」はどこから来たのか』

　大竹晋は若い人だから、コンピューターで情報を集めるのが得意で、今はさまざまな仏典がデータ化されているので、それを逐一検証している。その結果、大乗仏教は、釈迦の説いた本来の仏教とは違うということを、ほとんど、完膚《かんぷ》なきまでに明らかにした。禅宗のいう悟りに関しても面白い。平塚らいてう（一八八六～一九七一／評論家）も、そういう悟り体験をしているらしい。俺はこの本を読むまで知らなかったんだけどね。平塚らいてうは師事していた釈宗活《しゃくそうかつ》（一八七一～一九五四／臨済宗の僧）のところに行って、悟りを体験する。すべてがわかったような気になって、歓喜の心が湧き上がってきて、嬉しくて、嬉しくてしょうがないから、東京中をさまよい歩いたというんだね。

加藤　理論家のイメージがありますが、忘我の歓喜に身を委ねたとは、意外ですね。

呉　そうだね。大竹はこれを「自我忘失体験」と書いているが、それは、いまだ通常の心である自我の殻を残しているにせよ、自己と他者との隔てを忘失して、ただ心のみとなる体験であると。それが、さらに真如顕現体験、自我解消体験、基層転換体験、叡智獲得体験と進んでいく。そして最終的に自我の殻自体がなくなる。すると、あらゆるものと一緒になって、歓喜がしばしば感じられる。これが、唯識派のアサンガまたは無著《むじゃく》（三一〇～三九〇頃／インドの大乗仏教唯識派の学者）、摂《しょう》大乗論における顕道の樹立と似通っているというんですね。さらに、ケン・ウィルバー（一九四九～／思想家）

なんかは「変性意識体験」なんて言ってます。自然や宇宙と一体になる感覚かな。ウィルバー自体、俺はかなりアブナイ奴だと見てるけど。

「悟り」とは何か

呉　『「悟り体験」を読む』には「悟り体験と精神異常」という一節があります。ここが面白い。悟りで注意すべきは、通常の心である自我の殻をなくしていく時、悟り体験を得る者がいるのみならず、一種の精神異常に陥る者もあるということです。生物学・心理学その他いろんなところで研究されていると思うが、人間は、いつ頃から、どういうメカニズムで自分という限界（殻）を持った主体を考えるようになったのか。その起源をサルにまでさかのぼり、もっとさかのぼれば生命にとって自己とは何かという問題になってくる。つまり、自己と非自己ということです。生物に有限性がなけれ

大竹晋『「悟り体験」を読む』

ば、自己なんてない。無限であれば、常に「全」だからね。生物は有限だからこそ自分と外部を区別するので、自己（自我）は必然的にあるわけです。

動物においては、かなり原始的なものでもそうなっている。植物の場合は、一概にそうとはいえない。免疫の問題とも関係してくるのだが、植物には接ぎ木がある。これは、自己以外の個体が自己の外にあって、その個体と自分が一緒になるわけだけど、動物の場合は考えられない。臓器移植も同じで、免疫反応の問題が起きる。自己と非自己の問題です。だから哲学者のみならず、生理学とか、生物学者も、総合的に考えなければいけない。さらに、もっとさかのぼれば、有機体は何かということにもつながってくる。

加藤 自我とは何か、これを定義しようとすると、理論的には、非我でないものという二重否定で逃げてしまえば間違いではないけれど、人間相手には、そんなレトリックでは片付きませんよね。

呉 自我に執着する、すなわち「我執」から迷いが生まれるとするならば、自我を崩さなければいけない。そこで悟りという発想が出てくるわけですね。自我の殻を意図的に、修行なり、瞑想なりによって壊す。しかし、そうして外部と一体化してしまったら、自己の一貫性、自己の貫徹性がなくなってしまう。それこそ臓器移植と同じ問題が起きてくる。免疫機能は、自己と非自己を区別している。それを壊すのが、悟り体験なのだから、場合によっては、精神異常になってしまう。

臨済宗妙心寺派の僧侶であった秋月龍珉《りょうみん》（一九二一～九九／仏教学者）は、悟りの大半は異常心理で、断じて見性（本来の自分を見る）とはいえないとする。新興宗教がおかしな集団催眠をするのも同じテクノロジーだね。つまり、人間が、心理的にも、物理的にも持っている免疫というガードを、全部外させてしまう。そしてすべてのものと一体になる。少なくとも観念では、一体になった感じが出てくる。肉体的には、絶対に一体にはならないけどね。生理的に免疫機能が働いちゃうから。

加藤　忘我の愉悦は、観念の合一と。

呉　そうだね。つまり悟りとは、個別としての自己を崩して、普遍とつながる行為なんだね。その時には、異様な高揚感があるらしい。覚醒剤もそれに近いようなものではないかという気がする。インドから大乗仏教の覚醒体験が伝えられるまでは、悟り体験は支那に存在せず、支那から悟り体験が伝えられるまでは、悟り体験は日本に存在しなかったらしい。後発的に、悟り体験が開発されて、禅宗の修行で使われるようになった。
大竹晋が言うように、禅宗だけではなくて、浄土真宗でも、同じような、こういう悟り体験をさせるような修行があったり、そういう体験をする人がいるらしいです。つまり宗派にほとんど関係なく、同じような忘我の喜びに襲われるらしい。忘我すなわち文字通り自我という限界性が忘れられるわけだ。だから仏教というよりヒンドゥのほうの思考に近い。梵我一如。大きな我《われ》（梵）と小さな我が一緒になる。これは、本来、仏教の考え方ではありません。ヒンドゥのもととなったバラモン教の考え方です。釈迦はこれを否定した。もっとも、実際に悟り体験をしている人は、こんな大げさなことではなくて、その場にいる人たちとつながったような感じを受けているのかもしれない。窓の外を見ると、鳥も飛んでるし、木もあるし、それと自分が一体になったような感じに近いのではないか。精神分裂病（俗にいう統合失調症）の症状に自分の中に外部が入ってくるという妄想がある。これに近いです。

加藤　はい、このあたりのご説明は、非日常ではあっても、現実にかなり具体的に追体験できる方も多いと思いますよ。

呉　つげ義春（一九三七～／漫画家）の『外のふくらみ』という作品がある。部屋の外が自分に侵食してくるという体験を、つげ義春はマンガに描いている。視覚化されているので大変面白いです。こういう症状も仏教の悟りとつながっている。人間の有限性に対する不安が、無限の世界とつながれば素晴らしいということになるわけですね。明治期の綱島梁川《つなしまりょうせん》（一八七三～一九〇七）という宗教家は若くして結核で亡くなりましたが、死を前にしていろいろ考えて「見神論」と言いだした。神と一体になることによって、神を見ることができるというわけです。トートロジーだけど、神と自分が同一化することにより、普遍としての神がわかると。これも一種の異常体験だと思う。

精神分裂病の症状の一つに、離人症がある。これもよくない学術用語です。精神科医自身が間違えて使っている例さえある。離人症とは人と離れて部屋にこもりがちになることだと思っている人がいる。もちろん違う。人格統合がバラバラになる、人格が支離滅裂になるのが離人症です。文字通り、統合失調・精神分裂という意味です。

加藤　精神医学の用語で辿ってきていますが、このあたりのことについて、東洋思想では、どうなってきますか。

呉　仏教が入るまでの支那は、こういう抽象的な思考をしなかった。小島祐馬《おじますけま》（一八八一～一九六六／東洋史学者）先生の『中国思想史』の元の書名は『支那思想史』でしたが、小島先生はなぜ「支那哲学史」としなかったか。形而上学、オントロジー＝存在論がなければ哲学にはならない。西洋で哲学というのはそういう意味に使われている。ところが、支那においては、そういう思考はなくて、いくつかの社会倫理のようなのが組み合わさってできている。だから、支那の場合は思想ではあるけれども哲学（オントロジー）ではないと言っています。

これは非常にもっともで、支那思想の中心になっていた儒教は抽象的な議論を好まない。社会倫理、政治倫理が中心です。朱子学の時代になって、初めて形而上学的な思考が出てくるけれど、朱子学は明らかに仏教に影響されている。だから複雑な体系が登場するのであり、もともとのプロト・コンフュージャニズム、原儒教という段階においては、そういう思考はない。あくまでも社会思想、社会倫理、あるいは、政治倫理を述べているわけです。

孔子『論語』

呉　孔子（紀元前五五二または五五一〜紀元前四七九／儒家の始祖）を中心にして、思想家集団ができましたけれども、その言行をまとめた言行録（Analects）が『論語』ですね。儒教のいわば、根本経典です。これは社会倫理、政治倫理を中心に述べているものです。

孔子の弟子が質問をする。弟子も、抽象的なこと、哲学、存在論が気になる。子路（紀元前五四二〜四八〇／季路、孔門十哲の一人）は、鬼神（諸霊・諸神）に仕《つか》えること、お仕えの仕方を、どうしたらいいでしょうかと聞く。孔子は「いまだ人に仕うること能《あた》わず、いずくんぞ能《よ》く鬼に仕えん」と答える。人にも満足に仕えることができないお前が、どうして神霊に仕えることができるかと。しかし、子路はさらに問う。「それでも、先生、どうしてもお尋ねしたいんですが、死についてはどう考えたらいいでしょうか」と。孔子は「いまだ生を知らず、いずくんぞ、死を知らん」。生もわからないのに、どうして死がわかろうかと。儒教はこう考えます。これ以上、抽象的な形而上学のほうにはいかない。だから西洋でいう意味の、哲学は、この段階では、できていな

『論語』

いわけですね。

加藤　できていないというより、そうはならないわけですね。

呉　そうですね。たぶん文明がそもそも違うんでしょう。さて『論語』の中に、今のところと対になっているところがある。雍也《ようや》編で、弟子の樊遅《はんち》（紀元前五一五または紀元前五〇五〜？）が知について先生に問うた。孔子は答える。「民の義を務め、鬼神《きしん》を敬《けい》してこれを遠ざく、知と謂うべし」と。民衆としての正しい道を励み、神霊は大切にしながらも遠ざける。神霊は畏《おそ》れ多いものだから、敬しなければいけないけれども、それにあまり深入りしないことである。それを知というべし、と言ってる。ここでも極めて現実主義的なことを言っていて、抽象論に踏み込まない。これが東洋的思考なのですが、異端もある。それが老荘思想です。荘子（紀元前三六九〜二八六／思想家）は「そうし」と読んでもいいが、慣例的に「そうじ」とにごります。曾子（そうし）と区別するためです。曾子（紀元前五〇五〜？）は『孝経』を編んだのだが、曾子の言葉が孝経のなかにある。「身体髪膚父母にこれを受く。あえて毀傷せざるは孝の始まりなり」と。こういうほうが儒教の正統である、だから曾子はにごらず「そうし」、対する荘子はにごって「そうじ」。でも荘子は異端だけれど大変に面白い。西洋人が支那思想に注目する時に、しばしば荘子に言及する。「胡蝶の夢」というのは、荘子が夢の中で蝶々になって、ヒラヒラ飛んでいって、非常に楽しいと。で、目覚めてみると、やはり荘子であると。そこで、よく考えると、自分が夢の中で蝶々になっていたのか、蝶々がいま夢を見ていて荘子になっているのか判断がつかないという寓話です。ボルヘス（一八九九〜一九八六／作家）はこれをもとにして『円環の廃墟』を書いている。今いる自分は、蝶々が見ている夢なのではないか。自分は誰かの夢なのではないかという考えの真偽は論証するのが難しい。これを扱ったSF作品は時々見ますし、精神分裂病の症状にもあるようです。

加藤　それは老いの症候にもあり、その判別のつかない寄る辺ない感じが、心細いのです。

呉　荘子の「内篇」には、無常の問題、人間の有限性の問題を述べたところがあります。養生主篇《ようせいしゅへん》の冒頭で、「わが生は涯在り。而して知は涯なし。涯在りを持って、涯なきに従う、危うきのみ」と。通釈すると、「われわれの生は有限であるけれども、知すなわち知識欲は無限である。有限の身で、無限のことを追い求めるのは危ういことである。それでいて、なお、あくせく知識欲を働かせる者は、身の破滅があるばかりである」。

ここのところは面白いですね。知はハラリ先生の言うところの虚構な言語だから、無限に広がることができる。しかし、人間存在は有限だから、それを追うことはできないと皮肉を言っているわけです。つまり、荘子は、支那思想としては例外的に、オントロジーに関わる、メタフィジックスに関わる議論をしている。

自殺幇助の是非

加藤　ケーガンの話に戻ります。自殺について考えてみたいんです。彼は生死の様相を、P機能とB機能として説明します。Pとはパーソン、Bはボディです。人格のある心のP機能が先に滅びるか、B機能つまり身体が先にダメになるのか。たぶん昔は、心と身体は一緒に死ねた。しかし現在はB機能が長くなって、P機能が先に衰えてしまう。それを自覚して、なかなか身体が死ねないと嘆いたり、それさえわからなくなってもB機能だけは活発な人を見て、自分もそうなるかもしれないと怯えたり。

呉　医療が技術的にも制度的にも進んでしまって。

加藤　そのおかげで、死ぬまでに、P機能とB機能で時間差が生じてきた。そのとまどいが、認知症なんだと思います。それに、技術や制度の急激な変化のなかで、驚くような速さで死や葬送の価値観も変わりました。代々このようであったという尺度をあてられても、もはや全く納得できません。先代と同じ墓に入りたくない、夫婦でも墓を別にしたい、そもそも墓は不要だ、等々。費用の問題も大きい。長生きするほどカネがかかるから、家族に迷惑をかけたくない高齢者は、尊厳死を望みます。「日本尊厳死協会」に登録して、痛みの緩和以外の延命治療をしないでほしいと、頭のはっきりしているうちに意思表明をしておく。それでやっと安心して日々を送れるというわけです。この日本尊厳死協会の活動は、次第にコンセンサスを得てきています。協会による「尊厳死の宣言」を見てみましょう。

呉　はい。社会的に関心、賛同が多くなってきてますね。

加藤　日本尊厳死協会の資料（二〇一七年）がありますので、ここで引用しておきます。

終末医療における事前指示書（リビング・ウィル　Living Will）

この指示書は、私の精神が健全な状態にある時に私の考えで書いたものであります。

したがって、私の精神が健全な状態にある時に私自身が破棄するか、または撤回する旨の文書を作成しない限り有効であります。

□私の傷病が、現在の医学では不治の状態であり、既に死が迫っていると診断された場合には、ただ単に死期を引き延ばすためだけの延命措置はお断りいたします。

□ただしこの場合、私の苦痛を和らげるためには、麻薬などの適切な使用により十分な緩和医療を行ってください。

□私が回復不能な遷延性意識障害（持続的植物状態）に陥った時は生命維持措置を取りやめてください。

以上、私の要望を忠実に果たしてくださった方々に深く感謝申し上げるとともに、その方々が私の要望に従ってくださった行為一切の責任は私自身にあることを付記いたします。

自署　氏名　押印　　住所　　生年月日　　日付

「尊厳死の宣言書」の登録について

入会希望者は宣言書に署名、押印して協会に送って下さい。協会は登録番号を付けて保管し、その代わりコピー二通をあなたに返送します。そのコピーの一通を本人が持ち、もう一通を近親者など信頼できる人に所持してもらって下さい。必要が生じたときにどちらかのコピーを医師に示して下さい。万一医師に理解されない場合は、あなたの登録番号と医師などをお知らせ下さい。協会が理解してもらうよう努めます。

〒一一三－〇〇三三 東京都文京区本郷二－二七－八 太陽館ビル五〇一

☎〇三－三八一一－八－六五六三 日本尊厳死協会

呉 日本尊厳死協会は「われわれの主張しているのは安楽死ではない」と言っている。尊厳死と安楽死を、彼らは一応、分けている。尊厳死の場合は、死が目前に迫っていて、ほかに救う手立てがない場合で、安楽死は、まだ手前の段階。まだ自由に動くけれども、もう先は生きていても仕方がないというのが安楽死なんだよね。尊厳死協会は、そこを非常に厳しく主張している。一緒にしてくれるなと。
加藤　それと、医師の立場を守るためなんです。この宣誓書は、後で遺族と揉めたときに「本人が、判断能力のあるうちに自分でそう決めたのです」という証拠になる。
呉　これは両親を看取った体験からも、今、自分が高齢になっている現実からも、切実な問題なんだ。
加藤　日本では積極的安楽死は違法ですが、延命治療をやめるという消極的な安楽死は可能ということですね。
呉　現在、日本でも要件がそろうと安楽死は認められる方向になっている。絶対に助からないことがわかっていて、死が眼前に迫っていて、医師の立ち合いがあるとかね。ということは、実際にすでに行われている可能性がある。いちいち報告する義務はないわけだから。家族と当人が医師に懇請すれば、やる可能性がある。
適菜　ただ、そのハードルは高いですね。だって、もうすぐ死ぬ人間は、安楽死したいという主張をできないわけですから。だから、その要件に当てはまらないかもしれない。
呉　そうそう。だから、いわゆる安楽死より、死が迫っている時に、ということなんだよね。もう自分は七十まで生きた、八十まで生きた、これからいいこともないし、現に体が弱ってきて苦痛も大きいという段階で、やれるかどうかという問題なんだよね。

加藤　死にたい人を手助けする自殺幇助という方法も、最近は選択肢に入ってきました。

尊厳死に関する意識が最も進んでいるといわれているのはスイスで、すでに自殺幇助団体が優良企業として発展しているそうです。このあたりは最近盛んにあちこちで報告されています。読みやすい本としては、脚本家の橋田壽賀子（一九二五〜）の『安楽死で死なせて下さい』（文春新書）があります。自分の意思で誰にも迷惑をかけずにきれいに死んでいきたい、つまりP機能が先に衰えきってしまう前に、自らB機能を絶ちたいという願いが、スイスで叶えられるのです。これは高齢者に限らず、NHK特集で放映された、若い日本の女性の例も知られています。彼女は不治の病から、自分でスイスの自殺幇助団体に申し出て、姉たちに付き添われてスイスに向かい、静かに亡くなりました。もちろん、最後まで丁寧に意思確認がなされた上でのことですが、死の瞬間まで放映されたことは心に残る出来事でした。

呉　橋田は、俺のおふくろと同い年なんだね。おふくろは四年前に九十一歳で死んだけど、橋田にとっては切実な問題です。

加藤　ケーガンは、死を悪いことと考えることは、先入観、固定観念であると語ります。確かに歴史を振り返れば、死は常に悪いこととされてきたわけではない。むしろ「死を想え（メメント・モリ）」、人間はいずれ必ず死ぬ存在なんだから、今を頑張れよという励ましの言葉として使われることもある。「決死」の覚悟でやりなさい、という日本語もある。生を再起動するために、死をもってくるのは日常的なことだった。そして、死を想う気持ちがさらに積極性を持ち、あげくに「前向きに死んでいきたい」という願いに至ることもあったわけです。それでケーガンは、死への希求や自殺について考察を進めてゆくのですが、この章の終わりに、先ほどのP機能とB機能つまり心身の死の時間差について、変な話を付け加えておきましょう。

エドガー・アラン・ポー（一八〇九～四九／作家）の『ヴァルドマアル氏の病症の真相』に、こういう話があります。

催眠術師の「私」は「臨終の人間に催眠術をかけたらどうなるだろう」という疑問

を抱いていた。
劇症の肺結核に冒され余命いくばくもない友人のヴァルドマアル氏が奇特にも「私」の知的好奇心を満たすべく、臨終に際して「私」に催眠術を施術することを許可してくれる。施術は成功し、瀕死の男は臨終の床で眠りにつき、眠ったまま息をひきとる。ところがそれから数分ののち、ヴァルドマアル氏は「眠り」から覚めてしまう。深い洞穴から聞こえてくるような、くぐもった声で、彼は「さっきまで私は眠っていたが、いまは死んでいる」とうめく。催眠術の眠りのせいで、彼は死の瞬間を逸してしまったのである。

エドガー・アラン・ポー

ヴァルドマアル氏はそれから七カ月死んでいないながら、死んでいない宙吊り状態におかれる。「私」は、ついに彼にかけた催眠術を解くことを決意する。術が解け始めると、再び、あの地獄の底から響くような声がうめく。「早く、眠らせてくれ、でなければ、早く目を覚まさせてくれ」

そして術が解け切った瞬間、ヴァルドマアル氏の身体は「いまわしい腐敗物の、液体に近い塊」と化して崩れ去る。SF話のようですが、たぶんポーは本当に実験したのでしょう。

呉　いかにもポーらしい作品だね。

加藤　なかなか体が腐らない人を、キリスト教では聖人として崇めたわけで、ある種の宗教的な熱狂やエクスタシーの中で、心と身体の死期が一致せず、不思議に見える現象が生じていたのかもしれません。

心身の死について、スウィフト（一六六七〜一七四五／作家）もまた思考実験を試みていました。彼の『ガリバー旅行記』に登場するラグナグ国は、不老不死ではなく、人々は老いるが、なかなか死なないという超高齢社会の国です。ガリバーはそれを知って長命を大いに寿ぐのですが、その国の人々は複雑な表情で「とんでもない」と言う。超高齢化が、どれほど醜悪で大変な社会となり果ててしまうかを、ガリバーに訴えるのです。まだまだ寿命が短くて、長寿が疑いようのない美徳だった時代に、皮肉なスウィフトは未来を予言していました。

このような、死生観について文学としてシミュレーションしている作品を、次章で考えてみましょう。

第二章

物語で描かれる死

カミュ『異邦人』

加藤　私は死生観の考察を深めるにあたって、物語として哲学的な問題提起をしている人たちの作品をいくつか挙げてみたいと思います。出来事の流れの中で描かれる生と死を見つめることで、人のさまざまな想いを実感として受け取ることができるし、また一方で人々の行動や気持ちを傍観し、客観的に議論することもできるからです。

呉　うん、面白そうだ。

加藤　最初はアルベール・カミュ（一九一三〜六〇／小説家・哲学者）です。彼はフランス領アルジェリアに生まれ、四十六歳の時に交通事故で亡くなっています。哲学士称号論文は「キリスト教形而上学とネオプラトニズム」。アマチュア劇団で、演出や脚本を担当。新聞記者でした。そして一九五七年に「この時代における人類の道義心に関する問題点を、明確な視点から誠実に照らし出した、彼の重要な文学的創作活動に対して」、ノーベル文学賞が贈られています。

呉　『異邦人』『ペスト』『シーシュポスの神話』『太陽の讃歌』『反抗の論理』『幸福な

死』……。俺も中学、高校、大学と、ほとんど読んでいます。

加藤　カミュは、価値観を共有できない世間との摩擦の中でも自分自身を手放さない強さを、不条理として受けとめて表現した人だと、私は思っています。周囲への違和感をやり過ごすことのできない自分と、世間の常識とを対峙させていく。常識との闘いということになるわけです。多くの人々が難なく受け入れていることが、自分には何が何やら意味がわからず、受け入れなきゃならない理由も飲み込めない。そこで自分の判断で行動すると、不思議がられたり、嫌われたり、あげくに裁かれてしまう。

アルベール・カミュ

「今日、ママンが死んだ」と始まる『異邦人』の主人公ムルソーは、法廷で、アラビア人の殺害ではなく、母親の死を普通に悼む行動をしなかった罪を問われていきます。弁護士は、母親の死が悲しかったかとムルソーに問う。そんなことを聞かれて、ムルソーは戸惑うのです。

「弁護士は、その日、私が苦痛を感じたかと尋ねた。この問いはひどく私を驚かせた。もし私が誰かにそんな質問を呈さなければならぬとしたら、ひどく困ったろうと思われた。けれども、私は自問するという習慣が薄れてしまっているから、ほんとのところを説明するのはむずかしい、と答えた。もちろん私は深くママンを愛していたが、しかし、それは何ものも意味していない。健康な人は誰でも、多少とも、愛する者の死を期待するものだ。すると、弁護士は、ここで私の言葉をさえぎり、ひどく興奮した風に見えた。そんなことは、法廷でも、予審判事の部屋でも口にしない、と私に約束させた」。

お母さんが死んで悲しいですかと質問する弁護士のほうが異様なのに、説明するのは難しいと答えてしまうムルソーのほうの立場がどんどん悪くなっていく。

呉　そう、衝撃的に始まるね。奇妙な主人公、異様な言動。でも、それがなぜかリアルで読者を戦慄させる。

加藤　世の中の多くの人々と自分は同じではない。でも、自分を曲げなければならない理由がわからない。処刑の前の晩に、宗教者が悔い改めよと近づいてくるのですが、ムルソーは怒って追い返す。処刑前の大切な時間を、宗教なんかでつぶされたくない。独房で一人、ムルソーは世界を味わい尽くしているのです。

「追想にふけることを覚えてからは、もう退屈することはなくなった。想像の中で、私は部屋の一隅から、元の場所まで一回りする。その途中で見いだされるすべてを、一つ一つ心のうちに数え上げてみた。最初はすぐに済んでしまったが、だんだんと繰り返すうちに、少しずつ長くかかるようになった。というのは、私は各々の家具を思いだし、その一つ一つの家具の、その中にしまってある一つ一つの物を思いだし、一つ一つのどんな細かい部分までも思いだし、その細かな部分、象眼やヒビや縁の欠けた所など、色合いや木目を思いだしたからだ。その結果、数週間たつと、自分の部屋にあった物を一つ一つ数え上げるだけで、何時間も何時間も過ごすことができた。こういう風にして私が考えれば考えるほど、無視してきたり、忘れてしまっていたりした物を、後から後から記憶から引き出してきた。そして、このとき私は、たった一日しか生活しなかった人間でも、ゆうに百年は刑務所で生きてゆかれる、ということがわかった。その人は、退屈しないで済むだけの思い出をたくわえているだろう。それは一つの強みだった」。

カミュ『異邦人』

この部分は、興味深く読めるところです。これは、死の床にある人々、入院して動けなくなった方々が、白い天井を見つめながら内面に広がるお気に入りの世界に遊んでいるように感じられて、私は好きなのです。病室と独房とを重ねてしまうのは、失礼かもしれませんが。

前章で呉先生が指摘された、有限の自己をどのように受けとめるかという問題を、世の中の多数が無批判に受け入れている宗教的なものに仮託するのではなく、自分にとって確かなこと、たとえそれが追想にすぎなくても、紛れもなく自分の中の光景だと確信できることを決して手放そうとしない生き方と死に方とが、カミュの作品から感じられるように思います。

呉　西洋人の場合、キリスト教的思考があらゆるところに感じられる。こうしたものへの反撥、嫌悪感があるんだろうね。

加藤　カミュの『シーシュポスの神話』に、「真に重大な哲学上の問題は、一つしかない。それは自殺ということだ」とある。本当にこんな世に生きている価値があるのだろうか。人生が生きるに値するものか否か。これが哲学の根本問題に答えることになるとカミュは考えた。

彼は卒論が新プラトン主義です。アルジェの大学です。演劇的なことを考えつつ、サルトル（一九〇五～八〇／哲学者、小説家）と同時代に実存を世に問うた。カミュの時代には戦争がありました。第二次世界大戦があったし、年齢的には、第一次大戦も体験しています。それにスペインの内戦のいざこざにも巻き込まれています。戦争にカネが絡んでいることがバレ始めた時代です。

一七〇〇年くらいに今に至る金融的な世界が確立して、それが大きな宗教と呼んでもいいようなものになった。カネにより世界全体が洗脳されるようになった。おかしいと思っても、巻き込まれざるを得ない。こうした中で、カネと時間と幸せを照らし合わせなければならない時代になっていく。

『異邦人』の一つ前の習作のようなものですが、『幸福な死』という作品があります。主人公はメルソーといいます。ムルソーに似ているし、同じような不条理感もある。

アルジェの青年メルソーは恋人マルトに紹介されて、両足を失ったザグルーと知り合う。ザグルーは、「お金がなくては、だれも幸福になることはできない」と言う。「幸福になるには時間が必要だ。たくさんの時間がね。そして、ほとんどすべての場合、僕らは自分たちの人生を、お金を稼ぐことに費やしてしまうんだ。本当なら、お金によって時間を買わなければならないときにね」。幸福になるための時間を得ようと財産を貯め続けたザグルーは、莫大な富を手に入れ、これから幸福になろうという矢先、事故で両足を失ってしまう。メルソーは、ザグルーを自殺に見せかけて殺し、そのカネを奪う。こうして大金で自由に生きる時間を手に入れたメルソーは、文通相手だった女の子たちと共同生活に入る。しかし、ここにも嫉妬などの感情が入り込んできてしまい、心から幸せで平穏な生活には程遠かった。メルソーは、一人で住む家を買い、禁欲的な孤独な生活に入る。そして、やっと彼は「幸福な死」を迎える。

カネを貯めまくっていた男が、障碍者になり、生きていくことが嫌になった。それで、貯め込んだカネをメルソーにやるから、好きなように生きろといって、死んでいく。カネがなくては誰も幸福になることができないと思っていた男が、メルソーにカネを残して死んでくれるわけです。メルソーは最初のうちは酒池肉林です。好きなように女を侍らせ、楽しくやるが、すぐに飽きる。最終的にメルソーは、一人で孤独で暮らします。そして思索にふける日々が最も幸せだと思い、死んでいく。本当の幸せとは何なのかを問いかけた面白い作品です。

『ペスト』

加藤　カミュは死に関して、非常に乾いた表現をします。そして型通りの空虚な会話を嫌います。母親の死について世間は常識的なレッテルを押し付けてきて、ムルソーは遺体の横で紅茶を飲んでいたことや女性と海に泳ぎに行っていたことを法廷で糾弾されてしまう。心の奥にある個人的な母への想いとは全く関係なく、型通りの死への振る舞い方を強要されることに、ムルソーは困惑して憤る。そういう世間の常識との闘いを、内面の言葉としてカミュは書いている。日頃そういうことにうんざりしている人にとっては、ここにこそ自分の本音が書き写されていると感じられるのではないでしょうか。

自分の想いと世間との摩擦が不条理で、そこに屹立した感じが強い魅力なんですね。カミュは宗教を深く理解していますが、世俗化して形骸化した宗教は大嫌いで、そんなものに自分の死を想う気持ちを邪魔されたくない。これは当時のフランスの雰囲気でもあったのでしょうけど。

呉　カミュの真の意図はわからないけど、今、加藤さんが言ったようなふうに日本で受け入れられたかどうかについては、俺には疑問がある。受け入れられ方に関してです。まず、タイトルの意味がよくわかっていなかったのではないか。異邦人（L'Etranger）は普通の言い方では外国人。ただキリスト教文化の中ではキリスト教徒に対する異邦人という意味が強いと思う。聖書の中にも何度も出てくる。キリスト教的世界観から見ると、ムルソーのようなこういう異邦人がいて、不条理に見えるけどもどうなんだろうという、かなり挑発的な提示をしているような気がする。カミュはアルジェリア、植民地で生まれ育って、本土のフランス人とは距離感を感じ、嫉妬もあったと思う。カミュがサルトルと訣別するのも、そこのところが非常に強いような気がするね。

平岡正明（一九四一〜二〇〇九）というかなり挑発的な言動をする評論家がいました。犯罪者同盟なんていうのを学生時代の一九六〇年頃につくってってね。のちには穏健化して、横浜の町おこしをやるような人になってしまった。彼は、自分が最も影響を受けた文学作品は『異邦人』だと言っている。俺から言わせると、カミュの挑発にうまく乗ってしまった。平岡は『異邦人』については、無軌道に人を殺して、そのことを反省もしないような人間に自分はなりたいというような読み方をしているんだよね。

一九六五年に、新潮社から「現代フランス文学13人集」という全四巻のシリーズ本が出て、当時、流行ったヌーヴォー・ロマンとかアンチ・ロマンと呼ばれる文学の構造を解体していく文学が収録された。前衛的、実験的な作品を集めたわけです。

その第一巻の最初が『異邦人』だったが、俺はかなり違和感を持った。ロブ＝グリエ（一九二二～二〇〇八／小説家、映画監督）やビュトール（一九二六～二〇一六／小説家、詩人）が入っているのは、実験的に物語の構造を解体していく新しい文学といえるけど、カミュは物語の解体をしようと思ったわけではないんだね。キリスト教的な文化観から違うものが出てきたらどうなるかと挑発的に考えた。不条理なのは主人公なのか、それとも世界なのかと。これは、ノーベル賞を取った作品だけど、むしろカミュが書きたかったのは、続いて世に問うた『ペスト』かもしれない。そこでは、バタバタ人が死んでいく中で、それでも伝染病と戦い死んでしまう医者を描いている。非常にヒューマニスティックにも読める作品であって、『異邦人』とは正反対ですね。彼の哲学エッセイの『シーシュポスの神話』も、『ペスト』に近い。全く無意味な仕事を、神によって、あるいは運命によって課せられた人間であるシーシュポスが大きな石を押し上げる仕事を、どうせまた落ちてくるのがわかっていながら、喜んでやる。石が転がり落ちていった坂道を、非常に充実感を持ってまた下りてゆくみたいなことを言ってるわけだよね。

適菜　そうでしょうか。『ペスト』は、最後まで医療の現場から離れない医者のヒューマニズムの物語を描く一方で、真っ先に逃げ出す奴もいるし、悪事を働く奴もいるわけじゃないですか。私が読んで感じたのは、カミュはそこで、価値判断をしてないんですよね。医者が偉いとか、悪党が悪いと言わない。結局、人間存在とはそのようなものだと。そのようにしか僕には読めなかったんですけど。

呉　俺は、そうは読まなかった。まさしく不条理な状況。世界には何の意味もないという状況の中で、医術を尽くしている、リゥー医師だっけ。それが中心で、周囲は背景として、彼を浮かび上がらせているという感じだったね。だから、不条理な世界があって、不条理を承知しつつ、そこで生きている人間と読んだんだけどね。

適菜　そういう不条理に立ち向かう医者を書きたかったんですかね。カミュは。

呉　と読むね、俺は。リゥーとシーシュポスは同じようなものだと見てる。仏文の専門家にはいろんな意見があると思うけどね。

加藤　サイード（一九三五〜二〇〇三／文学批評家）が『異邦人』は植民地文学で、本当はアルジェリアでフランス人がアラブ人を殺しても、死刑にはならないと指摘します。それを潜み込ませているというか、告発しているようにも見えて。

呉　サイードらしい見方だよね。

適菜　カミュは実際にアラブ人の扱いについて告発しています。

呉　『その男ゾルバ』という映画にもなった作品がある。ギリシャの国民的な作家のカザンザキス（一八八三〜一九五七）の作品です。彼はギリシャで弾圧されて、果敢に戦っていた文学者です。この作品がノーベル賞候補に挙がっていたんだけど、政治的圧力があったらしくて取れなかった。その時に、カミュの『異邦人』がノーベル賞を取ったんですよ。それでカミュは、私の作品よりも、カザンザキスが取るべきだったと言っている。そういう意味では、素直な正義感がある人なんですよ。アルジェの原住民とフランスの植民者の間の差があることに対しては、彼は常に批判や怒りを持っていたことは間違いない。

加藤　そうなんですね。

カミュ『ペスト』

呉　ロシヤのテロリストの話もあります。貴族の乗った馬車に爆弾を投げるか、投げないかの時に、馬車の中に子どもがいるのに気づくという話だったと思う。『正義の人々』だっけ、カミュ著作集の中にも入っているはずです。そういうのを見るとものすごく真面目な人なんですよ。

加藤　私は、カミュは客観的に地獄絵図を描いて、彼自身は演劇の人なので、どこか突き放して世界を見ている部分があるような気がしますね。

呉　『異邦人』はイタリアのヴィスコンティ（一九〇六～七六）監督が映画化した。期待して見たけど、全然、面白くなかった。それで、ああ、やっぱり、そうなのかと思った。カミュの小説を通して『異邦人』を知った場合と、映画という形で客観的に描かれた場合とで、全然違っちゃう。映像化して第三者視点で描くと、こんなにつまんない話になるのかと思った。カミュの『異邦人』は主人公の内側から一人称の視点で書いている。「今日、ママンが死んだ」ってね。だから素晴らしい文学になってるけど、第三者視点で客観的に書けばつまらない話になる。

加藤　とすると、カミュの死生観は。

呉　人間は必ず死ぬものである。それも含めて、自分および自分の生きているこの世界も不条理である。不条理Absurdって、意味がない、ばかばかしい、ということです。でたらめ、救いがない、といってもいい。そういう不条理のなかで、どう生きていくかという、実存主義風に言えば、決断の問題だよね。アルジェリア人の権利みたいなことを言うこともあるが、それは細かい枝葉のことであって、すべては不条理であると。

加藤　『太陽の讃歌』では、キリスト教より、もっと原初に近いものを信じていたような感じがありますね。

呉　アルジェリアの風土の影響もあるんじゃないかな。彼はフランス人だから、植民地においては下層ということはないけど、それでもあまり恵まれている環境にはなかった。

加藤　父親が早世してしまい、フランスからの給付金でアルジェの大学を出ています。だから、フランスに感謝はしているんですけど、それでもずっと貧しくて。初めてパリに行ったのは、二十代になってからです。

呉　フランス本土に住んでいるエリートとは、感覚的に齟齬が出てくるだろうね。

加藤　サルトルたちの居たサロンの中では。

呉　浮いてるというか、入りにくいというか、そういう感じだね。

『シーシュポスの神話』

適菜　シーシュポスの話は、東洋でいうと、賽の河原に近い。三途《さんず》の川の河原で、子供は父母の供養のために小石を積み上げて塔を作ろうとするが、絶えず鬼に崩される。そしてゼロからまた積み上げる。不条理もあるし、無常の感覚もあるし、絶望の感覚もある。カミュはニーチェ（一八四四～一九〇〇／哲学者、古典文献学者）の影響も受けているので、徹底的に絶望した後に、それでもやるといった感覚だったのかもしれません。

加藤　そこには、無為なことをさせられているという絶望しかない。神々がシーシュポスに科した刑罰は、ある山の頂きまで大岩を転がして運び上げること。そして山頂に到達すると、岩は斜面を転がり落ちてゆく。シーシュポスはそれを追って麓に行き、また岩を転がして登ってゆく。それを休むことなく、いつまでも繰り返す。無益で希望のない労働ほど恐ろしい刑罰はないのです。

けれどもシーシュポスは、ふと気づきます。岩の表面の、その細かな石の煌めきに。この世のさまざまなものの一つ一つを丁寧に見れば、それらはキラキラときれいに輝いていることに気づく。この岩を転がす行為は無意味かもしれないが、他に価値あることと思われている行為だって、実は大した意味などないともいえる。人の営みの価値に大した差はない。そう思えた時、刑罰は苦から喜びへと、幸せへと反転するのです。この何げない小さな気づきが、大きな世界の受け取り直しとなっていくところが面白いと、私は思っています。無意味でもいい、いや無意味でないことなんかあるのか。自分だけに見えている小さな宝石を愛でて、それで幸せになって何が悪いか、という感じが好きです。

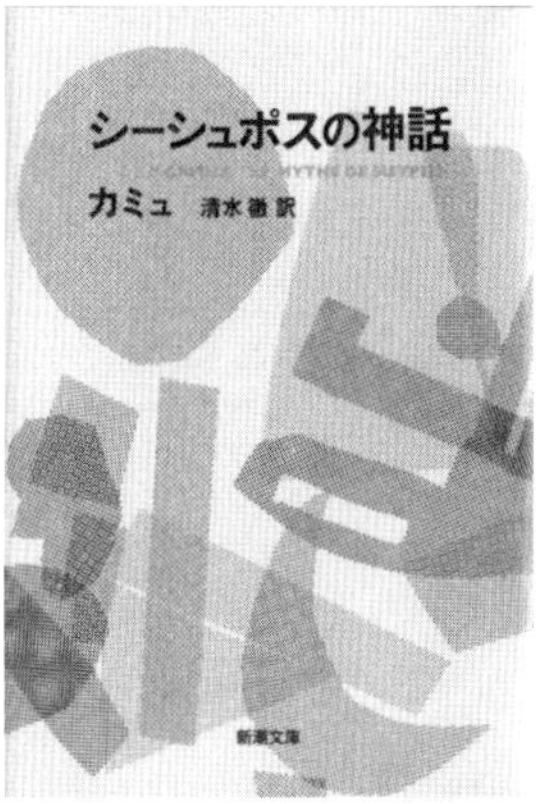

カミュ『シーシュポスの神話』

適菜　日本人はあまり、カミュになじんでいないと思う。有名で、誰でも知ってるけど、カミュが何をやった人かは知らない。

呉　特に現代ではそうだと思う。ただし、俺の世代は、時代の流行かもしれないけど、たいてい一冊や二冊は読んでたね。

適菜　古い本で、カミュのアフォリズム集が三冊くらい出ている。あれ、読んだんですけど、面白くないんですよ。何を言いたいのか、よくわからない。それで、今は評価されずに、忘れられてしまってるのかなって。

呉　今の大学生は、もう、そもそも、こういうのを読まないからね、全然。

加藤　正論すぎる表現に、気持ちが離れてしまうのかもしれないですね。

呉　そうではなくて、そもそも基本書を読まないんだよ。三浦しをん（一九七六〜）という小説家とその仲間たちが数年前に『「罪と罰」を読まない』という本を出したことがあった。『罪と罰』を読んだことがない人が五、六人が集まって、読んだことがないまま『罪と罰』について話す企画。コンパ芸みたいな話でね。『源氏物語』って読んだことないけど、あれは『平家物語』の続篇でしょ、義経（一一五九〜一一八九／源義経、平安時代末期の武将）が活躍する話だろ、みたいのを、コンパでゲラゲラ笑いながら話してるというような感じの本なんだね。

あの本で思ったのは、そもそも『罪と罰』を読んでいない小説家や文学青年たちがいるということに驚いたのね。スタンダードといわれている文学にしろ、哲学にしろ、思想にしろ、読まなくなっている。

加藤　久保田早紀（一九五八〜／シンガーソングライター）しか思い浮かばない。

呉　あはは、そうかもしれない。久保田早紀の「異邦人」も、彼女がクリスチャンだから、ああいう言葉が出てきたんじゃないかと思う。普通の人は、異邦人なんて言葉、知らないもん。

加藤　ところで、『ペスト』が急に売れ始めたそうですね。新型コロナウイルスの感染拡大の影響です。現実に、死が迫りくる状況になってきた。ひょっとすると二週間もしないうちに死ぬのかもしれないという不安が、世界中を覆ったわけです。そんな状況下で剥き出しになる人間性が、『ペスト』にはいろんな様相で描かれています。とことん理性的に振る舞おうとする人、なんとか自分だけでも抜け出そうとする者、とにかく現実から目を背けて思考停止に陥っていく人々など。まさにそれらが現実になってしまい、なんとか状況を把握したいと思った人々が『ペスト』を繙いている。今、何が起きつつあるのかをきめ細かく深く知りたい人は、ニュースやネットで散漫な情報を見るよりも『ペスト』を読んだほうがいい。

適菜　『ペスト』では、都市封鎖になるんですが、たしか……。

加藤　そうです。だから、会えなくなる夫婦もいる。今まさに起こっている欧州での状況が、描き出されている。

呉　二〇二〇年一月の時点で、規模が違うけど、東京が都市封鎖になるといわれてるわけだからね。

加藤　イタリアは、それが現実のものとなっています。

呉　武漢も、完全に、軍隊が封鎖してしまってて、出入り禁止になってる。交通を遮断すれば違ってくるよね。鉄道と、それから、高速道路を遮断してしまえば。

適菜　今回は、オリンピックがあるから大事《おおごと》にしたくなかったようです。

加藤　そうですね。矮小化しようとしたけれど、隠せなくなった。

呉　それこそ、カミュの『ペスト』じゃないけど、医療従事者が大変だなあ。怖いだろうねえ。いちばん困るのは医者と看護婦だよね。

サン＝テグジュペリ『星の王子さま』

加藤　サン＝テグジュペリ（一九〇〇〜四四／作家・操縦士）は、貴族の息子で、幼少より飛行機に憧れて、郵便飛行士になります。第二次大戦中、偵察機の飛行士でしたが、ドイツ軍戦闘機に撃墜されたといわれています。彼は幸福な幼年時代を過ごし、貴族の誇りを胸に、人間が生きることの意味を常に問い続けていました。一九〇〇年代初頭には既に飛行機に乗っていて、緊張感と責任、そして澄んだ夜空を飛行する喜びを味わえる飛行士という仕事を、こよなく愛し、それを作品化していったのです。

呉　すごいね。俺は三十歳になるまで、そもそも飛行機に乗ったことはなかった。

加藤　大空を飛んで人々の心を届けるという郵便飛行士は素晴らしい仕事ですが、当時はまだ過酷な状況で、彼自身、サハラ砂漠に不時着して遭難したことがあります。その時の体験が『星の王子さま』になるのです。

サン＝テグジュペリ『星の王子さま』

呉　そうだね。『夜間飛行』とか『戦う操縦士』とか、俺も中学時代に読みました。新潮文庫だったかな。

加藤　『星の王子さま』は、いろんな角度から味わうことのできる本です。著者本人が描いた絵が可愛いので、メルヘンと思われていて、読まずに遠ざけている人も多い。私も若い頃には読みませんでした。しかし扉に書かれた献辞を読み、これが深い思いの込められた本であることに気づいてから、何度か読み直していますが、読むたびに印象の変わる不思議な本です。この世で何が大切なのかが書かれている。飛行士たちの活躍が描かれる『人間の土地』にも、この世の真の贅沢は何かが書かれている。お金では贖《あがな》えない真の贅沢、それは三つある。使命感を抱いて人のために為す仕事、共に居ることが嬉しいと感じる友と過ごす時間、そして孤独に操縦して眺める澄んだ夜空。それが、この世の真の贅沢だと。

呉　宮崎駿（一九四一〜／映画監督、アニメーター）は、サン＝テグジュペリを尊敬している。

加藤　はい、『天空の城ラピュタ』の「君をのせて」という曲の作詞は、宮崎駿です。「あの地平線　輝くのは　どこかに君をかくしているから」の「かくしているから」は、『星の王子さま』の「砂漠が美しいのは、どこかに井戸を隠しているからだよ」という言葉から来ています。

呉　たしかに美しい。

加藤　『人間の土地』（新潮文庫、一九九八新装改版、二〇一二再改版）の表紙も宮崎の絵で、あとがき「空のいけにえ」も彼が書いています。今、若者はなかなか思想書を読む機会は少ないのですが、彼らの思索の共通したテキストの一つに、宮崎駿監督の映画があります。宮崎の死生観には、見かけの可愛らしさや親しみやすさと異なり、かなり峻厳な危険なものがある。愛する人と共になるためなら死んでもいい、あの世でもいいから一緒に居たいという感覚が、いわゆる恋愛劇としてでなく人間同士の惹かれ合う思いとして描かれている。サン＝テグジュペリを読んでいない人も、宮崎アニメには小さい頃から親しんでいて、宮崎の死生観の影響は受けているかもしれませんね。しかしこれは特攻精神に近づいてしまう危険性も孕んでいると思うのですが。

サン＝テグジュペリ『人間の土地』

呉　サン＝テグジュペリは、俺も少し読んだけど、あまりピンとこなかったな。これが、死の問題とどうつながりますか？

加藤　人の役に立って死んでゆく喜びは、何ものにも代えがたい愉悦だというところでしょうか。金や名誉とは全く関係なく、命がけで飛行機に乗って手紙を届けることに快楽を感じると表明してしまうところが、宮崎とサン＝テグジュペリは共通していると思います。

呉　なるほど。

加藤　宮崎も飛行機が好きです。以前、宮崎はNHKのドキュメンタリー番組『世界わが心の旅』で、サン＝テグジュペリが飛んでいたフランスからアフリカに渡る航路をプロペラ機で辿るという、いわば聖地巡礼をしています。感動の涙を流してサハラ砂漠に降り立ち、もう自分はサン＝テグジュペリみたいな理想を持つことはできない、しょせん地べたを這い回る白アリにすぎないと呟くのです。

呉　熱狂的な愛読者ですね。

加藤　サン＝テグジュペリの恵まれた境遇の中における激しい欲望を、宮崎は非常に純粋な人間の欲望として見ている。宮崎も、アニメの中でいろいろ、やらかしているわけですよ。他人のために死んでしまいたいという話がよく出てくる。『崖の上のポニョ』にも、あの人と一緒になれるなら、死の世界でも嬉しいというメッセージが組み込まれている。

宮崎は『人間の土地』の「あとがき」で、飛行機が武器に使われることを憎んでいます。地雷を禁止するのと同様に、飛行機で爆弾を落とすことを、有人無人を問わず禁止しろと叫んでいる。

適菜　先ほど、加藤さんが宮崎アニメと特攻の関係について指摘されてましたが、死んだ後に世界が残っていると思うから、特攻するわけですよね。自分が死んだら、世界がゼロになるんだったら、死ぬ必要はない。

加藤　宮崎アニメでは、死んだパイロットたちの飛行機が編隊を成して、高い雲の上に静かに美しく浮かんでいる場面がありますよね。あの隊列の勇壮さに憧れ、そこに加わりたいと感じれば、それは名誉の死への陶酔となる。

適菜　だから、利用されちゃうわけですね、死が。

加藤　それが個人的な想いだけなら自由ですけど、しかしやはり戦争や社会的な力に利用されやすい。その複雑さを零戦に託して製作されたのが『風立ちぬ』ですね。あれほど美しい飛行機が、武器として使われてしまうしかないという痛ましさ。

呉　そこも含めて、「捨身《しゃしん》」の問題に、最終的には、つながってくるよね。

ミヒャエル・エンデ『モモ』

加藤 ミヒャエル・エンデ（一九二九〜九五）は、児童文学の作家で、晩年は寓話として経済を問いました。この世で本当に価値あるものは、いったい何なのか。それを見失っているのは、経済活動を担っている大人たちではないかという問題を提起しています。エンデの父エドガー・エンデ（一九〇一〜六五）は、ナチスにより退廃芸術家と烙印を押された画家でしたから、幼い頃のエンデは苦労したようです。こうした事情も添えておきましょう。

呉 エンデは全く詳しくないので、聞き役に回りましょう。

加藤 一九四五年、十六歳のエンデは、召集令状を破り捨てて森に逃亡します。そして「バイエルン自由行動」に入り、反ナチス運動を手伝う。戦後は演劇学校に入り、神秘思想家シュタイナー（一八六一〜一九二五）に傾倒する。一九六四年に結婚してイタリアへ移住します。そして一九七三年に『モモ』を出版します。

呉 シュタイナーが絡んでくるんですね。

加藤　『モモ』は大体こういう話です。イタリアを思わせるある街に、モモという少女が住みつく。彼女は、ゆったりと友人の話に耳を傾ける。話を聴くだけで、語り手が自信を取り戻すことができる不思議な力を持つ少女だった。ある日、忽然《こつぜん》と街に現れた「灰色の男たち」が、大人たちに「時間貯蓄銀行」に時間を預ければ、利子で増え、老後に豊かに暮らせると説く。人々は急に、時間を節約し、時間を彼らに渡してしまう。皆の心から余裕が消えてしまう。異変を感じたモモは、カメに導かれ、人々の奪われた時間を取り戻そうとする。

呉　なるほど。

ミヒャエル・エンデ『モモ』

加藤　『エンデと語る』の中に、こう書かれています。

「皆さんが褒めるには、私が『モモ』を書いたのは、現代社会で誰もが忙しくて〝時間〟の持てない存在になったことに注意を喚起させるためだった。あるいは、人々のストレス状態、世の中の慌ただしさを警告するためだった、というのです。

けれども、いや、いや、ちょっと違います、とは言いたい」。

　子どもが『モモ』を「時間を大切に使いなさい」という教訓として読むのはいいが、実はそれだけではないのだと。時給いくらで働く者は、時間をカネと交換しています。だから時間銀行という設定はファンタジーではなく、現実なのです。『エンデの遺言』には、以下のように書かれています。

「古い文化の町の姿をごらんなさい。その中心にはつねに神殿や寺院や教会がありました。今日の大都市の中心には銀行のビルがそびえ立っています。昔の永遠観念では、時間を超越した存在があると信じられていて、それが本来の存在だったのです。神殿はそれを管理しました。つまり現世と永遠なるものの接続点でした。お金もまた永遠性をもっています。実際の品物は滅び朽ちるのに反し、お金は不滅なのです」

「ドイツでは古くから『金を出すものが命じる』という諺があります。現代の技術や科学は、軍事のためには国家から、政財的な利益のためには企業から金を受け取ります。そこで研究は知らず知らずに特定の方向に推し進められてしまうのです。ここ数十年は特に恐ろしいスピードで科学と技術を変えています」

「私が考えるのは、もう一度貨幣を、『実際になされた仕事や物の実体に対応する価値』

として位置付けるべきだということです。そのためには現在の貨幣システムの何が問題で、何を変えなくてはならないかを皆が真剣に考えなければならないでしょう。お金というのは、神とは違って人間が作ったものです。自然界に存在せず、純粋に人間によって作られたものがこの世にあるとすれば、それはお金です。だから、歴史を振り返るということが重要なのです」

呉　貨幣という不思議なもの、あるいはシステムに注目しているわけだな。

加藤　『モモ』では、お金の多寡が幸せを左右するという、お金が世間のものさしになっている状況を、まずは問題視します。時間銀行に時間を預けて利子で増やして、将来は幸せになれるという灰色の男たちは、利子という架空の物語を信じ込ませている現実世界の銀行そのままです。自然界には存在しない貨幣システムを人間は発明し、それは交換や価値保存という機能に限れば素晴らしい発明なのですが、そこに利子という仕組みを導入することで、お金を支配の道具にしてしまった。今や私たちは時間を売ってお金に換えなければ生きていけない。

生きていくためには、どうしてもお金が要る。病院に行くにも手術をするにも、お金がかかる。だからなけなしのカネの使い道には、常に時間が考慮される。たとえば百歳近い患者が、五百万円かかる手術を受ければ三年くらい延命できるとすると、これでは割が合わないのではないかと考えてしまう。その五百万円は曾孫の大学の学費に使ったほうがよいのではないか、などと、いびつな天秤で人生の意味を測ってしまうことになる。これはいったい何をやっているのか、なんの比較をしておるのかと、エンデは目を覚まさせようとする。

呉　お金基準でいいんだろうか、と。

加藤　お金が支配の道具にもなっている。給料が人質にとられていれば嫌なことも拒否できないし、不正の前には口止め料を握らされる。お金に誘導されて不本意な道に入り、気づいても逃げられない。そんな状況で、何が幸せなのかと、エンデは問うのです。

呉　それはそうだね。

加藤　この構造はわかっているのに、変えることができない。そこで絶望して死を選ぶこともある。なんとかして、お金のシステムを変えたいし、せめて他の方法も提示して、選択肢を増やしたいと。

呉　それは非常に難しい問題だな。そもそも貨幣が発明された段階から潜在的にある問題だからね。歴史の発展のなかでそれが最終的に、人間を支配下に置いたということだからね。貨幣がここまで社会のありとあらゆるところに浸透している以上、いまさらそれをやめることはできない。経済学史的にいうと必然となっている。たとえば安楽死したいといっても、何百万か持って、スイスだかオランダに飛ばなければいけないわけだしね。普通に病院で死ぬ場合でもお金がなければ非常にみじめな死を迎えなければならない。そこで、自分なりに納得して死んでいけるだけの条件があるのかという問題が当然出てくる。地獄の沙汰もカネ次第だけど、地獄へ行くかどうかさえ、カネ次第になっている。

加藤　世代間の分断も急速に進んでいて、逃げ切れた高齢者たちは無関心でいる。だからこそ、もう決して経済的に豊かになれない若者たちの絶望は深く、のんきに老いていく年寄りたちを憎む気持ちもありますね。もちろん高齢者にも経済格差はありますが。

ファンタジーをどう支えるか

呉　たとえば、ボロボロの老人ホームで死ぬか、裕福な人が「やすらぎの里」で死ぬかという問題がある。それはいかがなものかといっても、どうしようもないでしょう。ボロボロの老人ホームで公的な手当てを受けながら死んでいく人に、考え方を変えなさいって言っても無意味だよね、変えたって、どっちみちそうなんだから。

加藤　それは、ちょっと問題発言では？

呉　そうかなあ。

加藤　どうして、それを不幸だと決められるんですか？

呉　当人に、納得できるようには言えないでしょう。これは不幸じゃないよって、言えないでしょう。

加藤　どうして？

呉　それは言えないと思うね……。

加藤　いや、そう言っているのがエンデですよ。考え方を変えることはできると。カミユも。

呉　あ、そうなの。

加藤　ええ。なんでそれが不幸なんですか？　生きているだけで、いいじゃないですか。

呉　いや、俺、個人としては、不幸だねえ。

加藤　だから、それは呉先生が勝ち組だからでしょ。

呉　えーっ、勝ち組というほど、勝ってはないけどね、俺は。

加藤　だから、先ほどのシーシュポスのように、苦しいけれど、ある瞬間にハッと「これでいいんだ」と思う反転もあるんですよ。他者から見たら貧乏くさくても、本人は喜んでいるかもしれないいんですよ。いろんな楽しみ方があるんだから。それを世間一般の価値観で「お可哀想に」と言うのは、失礼だと思います。

呉　いや、むしろね、そういう思想が流れたときに、社会福祉なんてやらんでいいという方向に行く危険性もある。宮崎駿の飛行機の話と同じで。

加藤　たしかに、その危険性はあります。そこに甘んじろ、というふうに切り捨てられるかもしれない。

呉　だから、その人の人生のギリギリのところで、その人生が不幸であったかどうかは言い切れないという問題がある。そこに一種の宗教者みたいなのが介入してくる。死刑囚に教誨師《きょうかいし》が近づいたり。「お前は何人も人を殺して、これから死刑になるけれども、それでも、お前の人生には意味があったんだ」と。「どういうふうに意味があったのかはわからないけれど、人を殺したことを悔いて死んでいくことには意味があるんだ」という言い方はできると思う。とにかく六畳の病室に十人くらい入れられて苦しんで死を待つ人に対して「幸福は一様ではない」とは言いにくい。六畳間に十人入れられるのと、一人で六畳間の病室で死ぬことができるのとの違いは単にお金の問題だからさ。

加藤　そういう状況でも、想像力によって、一人だと思い込むことができる。先ほどの独房のムルソーのように、追想によって内面世界を穏やかにすることはできるでしょう。

呉　それはできるだろうね。でも、そのファンタジーに騙されてしまう人は多くないと思う。

加藤　だからこそ、もう今や想像力を強くする以外、方法がないのでは。

呉　そうかなあ。そこはもう少し実務的に解決できる方法、福祉の充実でなんとかする問題だと思う。

加藤　それは、ここに至っては楽観論のような気がします。もちろんそれが理想で、その方向で努力すべきなのでしょうが、そこに期待できない世界になってしまっているというところに、現代の絶望感があるわけで。

呉　それはわかりますけどね。

加藤　そうしたら、そのファンタジーを強化するしか方法はないじゃないですか。

呉　フランクル（一九〇五〜九七／精神科医、心理学者）が体験（『夜と霧』）したようなね、ああいう場合もあるわけですよ。彼は、そのなかで、自分たちは、この環境から絶対に逃がれられないことがわかっているわけだから、とにかく一日に一つ面白い話を作って、それを語り合おうとした。幸いにも、そのあと、彼は収容所から解放されるわけだけど。

加藤　もうすでに収容所内にいるわけですよ、私たちは。

呉　六畳間に十人入れられる人たちが、はたして一日に一つだけでも面白い話を作って、それを二人で話し合いながら生きていこうとは……。

加藤　それやってます。もう、それしかないんです。

呉　俺は、にわかには信じがたいね。病院もののマンガを描く人には、元看護婦や元介護士が多い。自分が体験したことを描くんだから、絵がそんなにうまくなくてもいい。エッセイマンガの一種なんだけれど、当然、つまらん作品と面白い作品がある。沖田×華《おきたばっか》（一九七九〜）という変わったペンネームのマンガ家がいて、俺はマンガ評論家としてこういうおかしなペンネームを付けるのは賛成しないんだけれどね。この人は軽い精神障害というかパーソナリティ障害がある。何度か異常行動を繰り返したりして、最終的に、看護婦だったか介護士だったかになっている。彼女の『お別れホスピタル』は、この手の病院ものの中では、抜群にいいんですよ。桜井トシフミ（一九六四〜／マンガ家）のところでアシスタントをやって、結局、その人と結婚するんだけどね。その桜井がまた、キチガイみたいなマンガを描いている男でね。俺は、ずっとひいきにしている。めっちゃくちゃ汚らしい漫画を描いていて、それが面白いんですよ。桜井の最近の作品では『バスタブに乗った兄弟』という作品があった。突然、巨大な洪水に見舞われる。ビルも何も全部、水没してしまう。そこにたまたまバスタブが流れてきたので、兄弟がそこに乗っていると、向こうからムチムチのお姉ちゃんが「助けてー」って来るから、助けると蹴飛ばされるとか。わけのわからない実にくだらないマンガなんだけどね。これが異常に面白いんですよ。要するに、おかしい者同士かな。沖田×華の描いてる『お別れホスピタル』は加藤さんの言ってるようなものではないかと。どうしようもなくなり、ファンタジーを自分で紡《つむ》ぎだして、その中に浸《ひた》るほかはなくなると。

加藤　『お別れホスピタル』は、その問題をどう扱っているんですか？

呉　九十くらいになって死にかけている元軍人が、軍人年金をもらってるわけですよ。本来なら、それでなんとか食えてるはずなんだけど、やはり九十歳近い妻や四十歳代の娘、もっと若い孫娘の三人が来て、タカるわけです。いつも派手な格好で見舞いに来て、「おじいちゃん、長生きしてね」って。長生きしてほしいのは、年金が欲しいからなんだよ。そういう話を非常に、辛辣かつユーモラスに描いている。

沖田×華『お別れホスピタル』

加藤　そのおじいさんが、可哀想だと描いているのですか。

呉　それは、そうでしょう。

加藤　孫や子に自分の年金を渡すのが、苦しい行為ですか?

呉　それは苦しいでしょう。お金がもう少し有効に使われれば、おじいちゃんは、もう少しマシな病院に入れるわけだから。

加藤　あ、なるほど。そのお金は、本人が快適な状況になるために使われたほうがいいと。

呉　感動的な話もあるんですよ。奥さんが認知症老人である夫の見舞いに来るんだけど、夫は奥さんだということを、わからなくなってる。それで老人はその奥さんに恋をするんですよ。プロポーズまでする、奥さんだとわからないまま。しかも老人は奥さんに「君の名前を教えてよ」と言う。すると奥さんは、下の名前だけでなくフルネームで答える。老人は「いい名前だね」って呟く。

加藤　あら、いい話じゃないですか。

適菜　少しエンデの話に戻すと、お金により、本来的な生き方や本来的な死に、触れられなくなるとエンデは言うわけですよね。騙されてると。お金も抽象だし、ファンタジーもイデオロギーも宗教もそれに近い。疎外論みたいな話って、別にマルクス(一八一八～八三／思想家、経済学者、革命家）が始めた話ではなくて、昔からある。いろんなイデオロギーであったり、夢物語であったり、そういうものによって、本来的な死と向かい合えないというなら、ファンタジーも、その一つになっちゃいますよね。それがイデオロギーと、どこが違うかというと、違わないような気もする。

加藤　ああ、そうですね。特にお金の話は、イデオロギーとして強い物語ですね。

適菜　要するに、革命のために死ねるという発想と、少し似てきちゃいますよね。

加藤　お金の話が、苦しさとか、死に結びつくようだったら、ほかのファンタジーを抱く余地はあるんじゃないかなと。

呉　特に現代においてはね、必然的にそうなりますよね。

加藤　お金だけが幸せじゃない、お金がなくたって幸せになれるのよという言葉が、今は空虚に響きます。でも、自分の死生観とか幸福観を深く掘り下げてみれば、思い当たることはいくらでもある。少なくとも、何も考えないことで、ただ暴力的にお金の物語に振り回されてしまっているのではないか、と疑うことにはなるかと。

適菜　ファンタジーで、お金を取られちゃう可能性もありますよね。お金に対する信仰はダメなんですと言って、ほかの信仰に誘導する人たちもいます。

加藤　そうですね。危ういですね。実際、そこに忍び込む宗教もたくさんありますからね。

呉　それを使ってお金を儲けるわけでね。宗教のほうは。

加藤　そこにお金を納めれば、幸せになれるという形で、その物語を短絡させるとか。

適菜　ニーチェも偽装された宗教を暴いたわけですよね。

加藤　『聖書』では利子を禁じているのに、ユダヤ人には金利の付いた金貸しをさせてきた。キリスト教世界が、ずるずると利子を黙認してゆくなかで、世界の歪みが生じてきたとエンデは考えていました。そのキリスト教という大きな物語に切り込んだのが、ニーチェですよね。

呉　それは反ユダヤ主義の理由の一つにもなっている。逆にそれがあるから自身ユダヤ人であるマルクスが資本主義批判をするようになったのかもしれない。

第三章 死後に継ぐもの

ニーチェとドストエフスキー

加藤　ニーチェは一八四四年にプロイセン王国ザクセンに牧師の子として生まれました。青年期の研究は、古典文献学で、ラテン語で書かれた記録を精読していました。ボン大学からライプツィヒ大学へ行き、ディオゲネス・ラエルティオスを研究。若くしてバーゼル大学の教授になります。

ニーチェが強く批判していたのは一神教としてのキリスト教です。「神が死んだ」はツァラトゥストラの言葉ですが、自分一人だけが神だ、という奴が現れ、それを聞いた周りの神々が笑い死ぬのです。神は複数が当たり前で、唯一神など笑止千万、というわけです。

呉　いよいよ、加藤さんの専門領域ですね。

加藤　いえ、適菜さんの専門ですよ。私は適菜さんの『キリスト教は邪教です！』で『反キリスト者』を理解しましたから。キリスト教では、信者を子羊と規定する。子羊とは、導いてやらなければ動けない哀れで弱い奴隷で、乳や皮や毛を搾取されて屠られる存在です。そういうふうに決められている構造に甘んじ、ありがたがっているバカなキリスト教信者を、ニーチェは叱るのです。その仕組みを作った者も邪悪だが、信者たちは自らその群れに入っていく情弱だと。

呉　情弱というのは、変でしょ、最近のはやり言葉じゃないの、情弱って。

加藤　そういう状況を考えようともせず、盲目的にシステムに入っていく者たちを、末人《まつじん》とニーチェは呼んでバカにします。

呉　ニーチェは、読みにくいところがある。論文形式ではなくて、アフォリズムが多いからね。もちろん、極めて重要な人物です。俺はドストエフスキー（一八二一～八一）からニーチェへの流れに注目していた。一九世紀末から二〇世紀にかけてのロシヤの文化的・思想的変動のなかドストエフスキーは文学の形で思想を表明した。ドイツの新しい観念論は、ドストエフスキーとニーチェの影響が大きい。ニーチェはドストエフスキーの『罪と罰』を読んでいた。二十二、三歳、年が離れているので、年長者である

ドストエフスキー

ドストエフスキーはニーチェを読んでいないんです。ニーチェは当時はロシヤ語訳もされていないと思う。一九一七年のロシヤ革命から二、三年間は、非マルクス主義的な知識人もまだロシヤにいられた。その知識人たちのグループに「道標派」というのがある。彼らは数年間ロシヤにとどまったが、最終的にフランスに、二十人近くの者が亡命する。彼らは一様に、ドストエフスキーとニーチェの影響を受けている。二十世紀における非常に大きな逆説でもあるロシヤ革命と、社会主義・共産主義の問題に、根源的なところで、ニーチェとドストエフスキーはノンを突き付けていたような感じはあるね。ああ、ノンは変だね。ナインかニェットだ。

加藤　ほお、ニーチェはドストエフスキーを読んでいたのですか。そして革命後の思想潮流とも関係していると。

呉　たとえば、貧しい人たちを救うといった意味においては、ニーチェもドストエフスキーも反対しているわけではない。ドストエフスキーには『貧しき人々』もありますす。それが共産主義という形で表れてきて、彼は社会を作りかえていく動きを批判した。『罪と罰』も『悪霊』もそう。初期の手塚治虫（一九二八〜八九）は『罪と罰』をマンガ化しています。一九五三年の作品なんですけども、手塚さんは、『罪と罰』を読み込んでいて、マンガ表現の技法としても重要な面がありますが、ラストがオリジナルと違っている。どうも『悪霊』を後半部分に組み込んであるんですね。手塚治虫は単純なヒューマニストではなくて、もっと違う深い洞察力を持っていた。というよりも、昭和二十八年前後の知的な青年たちはそのようにドストエフスキーを読んでいた。シェストフ（一八六六～一九三八／哲学者）やブルガーコフ（一八七一～一九四四／セルゲイ・ニコラエヴィチ・ブルガーコフ、思想家）のドストエフスキー論も手塚は読んでいた可能性がある。『巨匠とマルガリータ』のブルガーコフ（一八九一～一九四〇／ミハイル・アファナーシエヴィチ・ブルガーコフ、劇作家、小説家）とは別人です。

ドストエフスキー『罪と罰』

加藤　そのへんは、悪の問題ですか？

呉　そうです。『罪と罰』に出てくる、天才なら何をやってもいいのかという問題が出てくる。ドストエフスキーの場合、ロシヤにおけるキリスト教であるロシヤ正教の問題と大ロシヤ主義の問題が出てくるので、少し複雑なんですけどね。

適菜　ドストエフスキーが書いたことは、近代西欧を鏡として、ロシヤ人とは何かということを書いたのだと思います。そしてカトリックに対するロシヤ正教の問題。ラスコーリニコフはラスコール、分離派のもじりですよね。

呉 ラスコーリニキですね。分離派。

適菜 ニーチェはどこかでドストエフスキーをすごい心理学者と評価していますね。

呉 ラスコーリニキの問題は、非常に重要で、最近では下斗米伸夫《しもとまいのぶお》（一九四八〜／政治学者）が詳しく書いていた。ドストエフスキーの小説の登場人物の名前はダジャレが多いんですよ。江川卓《えがわたく》（一九二七〜二〇〇一／ロシヤ文学者）の『謎とき「罪と罰」』でも強調されてる。これは従来のテーマ主義的読み方ではなく、フォルマリズム（形態主義）的読み方のなかで強調されるようになった。登場人物の名前や出てくる数字がダブルミーニングになっていると江川卓が言い出した。ラスコーリニコフは、いま適菜君が言ったように、ラスコーリニキという分離派教徒の名前から取られている。江川卓に言わせれば、これを日本語訳するとちょっと無理な名前になる。「わりざわさん」とか「わりやまさん」とかね。

ラスコーリニキは、ロシヤ革命の頃には、むしろ革命派に加担している面もある。

ある時期から反革命のほうに行くんだけどね。神戸にモロゾフというチョコレート屋があるけど、あれは分離派教徒なんですよ。ラスコーリニキなんですよ。ある時期、連中は、ボルシェビキに味方しているんだけれども。最終的にボルシェビキから抑圧されて、白系ロシヤ人（赤色ではないロシヤ人）となって日本に来て、チョコレート屋を始める。ロシヤ人はチョコレート好きで、彼らはチョコレートの加工技術を持っている。それがモロゾフになっているんだね。

加藤　モロゾフはロシアから来たとは、知らなかったです。

呉　ボルシェビキがあまりにも強圧的な政治をするので、一九二一年に軍港のクロンシュタットの反乱が発生した。そのクロンシュタットは革命期にはボルシェビキの一大拠点でした。それを率いていたのが、ラスコーリニコフという人物なのね。ラスコーリニコフという名前は、ロシヤでも普通はないわけだから、偽名というかいわばペンネームなんですよ。彼は最後までロシヤ革命に従って、ソ連下で出世する。外交官になって、フランスに行って、そのままソ連には帰らない。結局、体のいい亡命なんだよね。ソ連には、もう帰りたくない。ただし、ソ連の外交官としてフランスにいるという人物なんだけど。その彼が、ラスコーリニコフというペンネームを使ってるのは面白い。ドストエフスキーの影響を受けてその作品の登場人物名をペンネームにした人が、革命初期にはボルシェビキに加わり、やがてボルシェビキから離脱する。ドストエフスキーは最終的に神によって救われるというキリスト教なので、死の問題には直接はつながらないかもしれないけど。

ニーチェと永劫回帰

加藤　ニーチェは永劫回帰という言葉で、直線的な、千年王国的な時間性を否定しました。この永劫回帰という円環構造の時間論からすると、死生観としても、始めと終わりがあるという捉え方を否定していたという見方ができるかもしれません。

呉　あったかもしれないねえ。

適菜　ニーチェはあらゆる価値を否定したとよくいわれます。それで価値基準の何を転換したかというと、たとえば、善悪という対立基準を、病か健康かに置き換えたんですよね。ニーチェは一貫して、人間の病気について書いている。ニーチェ自身は病弱だったから、病気と闘いながら、いろいろ考えていたと思うんです。病は死にもつながります。ニーチェの「神は死んだ」というのは、単純な無神論ではないですよね。キリスト教の病んだ発想が、生を否定する病が教会によって広まった結果、社会がおかしくなってきたと。ニーチェは自分は無神論者だとどこかで言っていますが、そのまま受け取ってはいけないと思います。他のところでは、汎神論的な意味合いで、神を肯定しているところもありますし。

加藤　健康や大地の豊穣のほうを称えている。

適菜　唯一神教がおかしいということですよね。だから、ギリシャ的なものは評価した。

フリードリヒ・ニーチェ

呉　うん。そうだよね。だから、キリスト教的な千年王国史観を否定した。最後に神が千年王国を実現して、そこですべての人に永遠の命が与えられるという発想に対する否定意識が、あったわけだよね。

適菜　神が、教会によって、都合よく使われてしまったということですね。進歩史観も千年王国史観の亜流だと思います。

加藤　教会という病院を作って、人間を病気にして儲けているみたいな。

適菜　そのシステムが見え透いているのに、それが権威を持ってしまっていることが、腹立たしい感じでしょうね。

呉　それは理屈の上ではわかりやすいけど、日本人は体感的にわからないと思う。俺も含めてね。西洋人だとキリスト教がありとあらゆるところに入り込んでいるわけだから。日本から、つまり外から見てると、あまりピンとこないようなところがあるかもしれない。

適菜　逆に言うと、日本人は、ニーチェの言っていることはわかりやすいんですよ。多神教だから。汎神論だから。

加藤　ニーチェはいろいろ否定をしてきましたが、それに対して「じゃあ、答えは何なの？」というような奴を嫌ったわけですね。「自分で考えろ」と。だから、ニーチェをバイブルみたいに読むのは、逆さまなので、ニーチェ風に考えれば、死生観も誰かの死生観ではなく、自分の力で考えるべきだと。芯のところの強さを持つことを励ましている。最終的には肯定感というかポジティブです。大地を信じよと。

呉　「頼るな」というのは簡単だけど、多くの人は何かに頼っちゃうよね。

適菜　思考停止するなということですよね。イデオロギーや宗教によって、思考停止するのではなくて、考え続けろと。

呉　でも、死の間際になって、枕元に変な宗教書なんかが置いてあるという人は、やっぱり多い。だから、つい頼ってしまうとしか、言いようがない。

加藤　それがせめて偽の洗脳ではありませんように、というところですかね。

適菜　ニーチェの弟子筋のハイデガー（一八八九〜一九七六／哲学者）はどうですか。ハイデガーも、ずっと死の問題を扱っています。

呉　ハイデガーは二ページくらい読んで、もう嫌になったな。

加藤　でもハイデガーは、最終的には東洋へと眼差しを投げている。西洋の閉塞《へいそく》状況からこちらに目を向けているのだから、応えてあげたいところですけどね。

呉　いや、西洋の哲学者・思想家は程度の差はあっても、みんなそう。東洋にヒントになる何かがあるかもしれないということには気づく。ヤスパース（一八八三〜一九六九／哲学者、精神科医）も孔子や釈迦に注目した。

加藤　そこは、日本語を母語として読み、考えている者としては強みですね。

呉　そうそう。ただし、それをわれわれは結構忘れている。西洋人が仏教に目を向けているといっても、それは浄土真宗や日蓮宗ではない。日本で仏教というと、檀家制度のなかで浄土真宗と日蓮宗が大多数を占めているけど、西洋人にとっての仏教は、日本でいえば禅宗であり、釈迦自身が説いた原始仏教（プロト・ブッディズム）なんだよね。それに触れた時に、彼らは「こんな考え方があるのか」と驚く。すべては無常である。無常であるのが本来の姿であるというようなことをね。

死にゆく者の物語

加藤　社会のタガが外れるように感じられる時、人間はせっかくイメージ喚起力を持っているのに、それを自分の手綱で制御したいはずなのに、マスメディアや暴力的なものに操縦されてしまう。それが、近現代の敵だと思います。カミュのような思想家は、自らタガを外すエクスタシーを作品として描くことで、利用されるのでも、気が狂ったりするのでもなく、なんとか自己を自ら統御できないものかと格闘していたように思います。ドイツロマン派なんかは、構想力つまりイメージ喚起力を、有機体の水準まで下りていって作動させようとするんです。人間だけでなく、動植物から鉱物にまで至り、ノヴァーリス（一七七二〜一八〇一／ドイツロマン派の詩人）に至っては、石だって夢を見ているのだと感じようとするところまで。

呉　はいはい、ちょっとむつかしくなりました。箇別的に、また具体的に検討していきましょうか。

加藤　ロマン派で一気にいろんな問題点がテーブルに載ったんです。ゲーテ（一七四九〜一八三二／作家）みたいな人もいたし、観念論哲学の人々もいた。ドイツには、いち早くオリエンタリズムが入ってきて、シュレーゲル（一七七二〜一八二九／ドイツ初期ロマン派の文芸評論家）は、インドに注目しています。そのあたりの時代の、東方への憧れや好奇心が、ニーチェやハイデガーにも連なってくるのだと思います。

で、そのオリエントの端に位置する日本の死生観ですが、ここで少しだけ折口信夫《おりぐちしのぶ》（一八八七〜一九五三／民俗学者）に触れておこうと思います。彼の『死者の書』は、エジプトの『死者の書』に誘発されて書かれています。死者の残した思い、それも恨みや邪念はどうしたらいいのか、それを折口はこの書で、言い伝えに基づく物語として描いています。穏やかに逝った人はいいのですが、そうでない場合、なんとか荒ぶる魂を鎮めなくてはならない。その方法は、東洋と西洋では違うし、それぞれの地で語り伝えられねばならない。いくらグローバル化してきているとはいえ、わずか数百年で、そこが変わるはずもない。エジプトにそれが遺されていることを知った折口は、日本の古い鎮魂の在り方を、論文ではなく物語として表現したところに、私は意味深さを感じます。

呉 日本の仏教にとって、死の問題は葬式仏教と死の穢れとして表れてきます。日本古来からの「死の像」の典型は、『古事記』のなかに出てくる黄泉比良坂《よもつひらさか》です。男神イザナギと女神イザナミが国産みをします。その過程でカグツチ（火の神）を産み、性器に火傷を負いイザナミは亡くなる。イザナギは愛していた妻が死んだので、黄泉比良坂に追いかけていったけど、穢れた姿を見て、怖くなって帰ってくる。妖怪やゾンビのような姿になってイザナミが追いかけてくるのを木の実をぶつけることで、ようやくイザナギが地上に帰ってくる。愛する者の死であっても、死の穢れを見た時に、そこにすがりついて泣くのではなく、恐怖する。生と死は「坂」で地続きであると同時に、死は恐怖でもある。

加藤 小泉八雲（一八五〇〜一九〇四／雑誌記者、日本民俗学者）の『怪談』は、よく読むと本当は怖いというよりも、もののあはれ、ある種の感慨深さがあるんですよね。
呉　死については「殉死」の問題、あるいは仏教でいう「捨身」の問題もあります。二十年くらい前に、「王子様ブーム」があった。スポーツ選手を「ナントカ王子」と呼んだりしてね。あの時、俺は、ひと儲けしようとたくらんで、ワイルド（一八五四～一九〇〇／詩人、作家）の『幸福な王子』を新訳で出そうと思った。あれは童話だし、先行訳もあるから、それを踏まえながらだったら俺でも訳せるかと思った。きれいなイラストを入れてね。それで出版社に持ちかけたことがある。実際は、すでに十分すぎるほど邦訳が出ているので実現しなかったけど。あの作品、俺は、ものすごく好きなんですよ。ただしワイルドはそれほど一生懸命書いたわけではないらしい。あくまで商売として書いたらしい。ほかにも『意地悪な巨人』などの、童話シリーズをいくつか書いていますね。でも、彼はもともと、悪徳系、耽美系の人だからね。ワイルドの『幸福の王子』は、捨身《しゃしん》として死ぬ話だね。一身を投げ打って人を救う話なので、泣ける

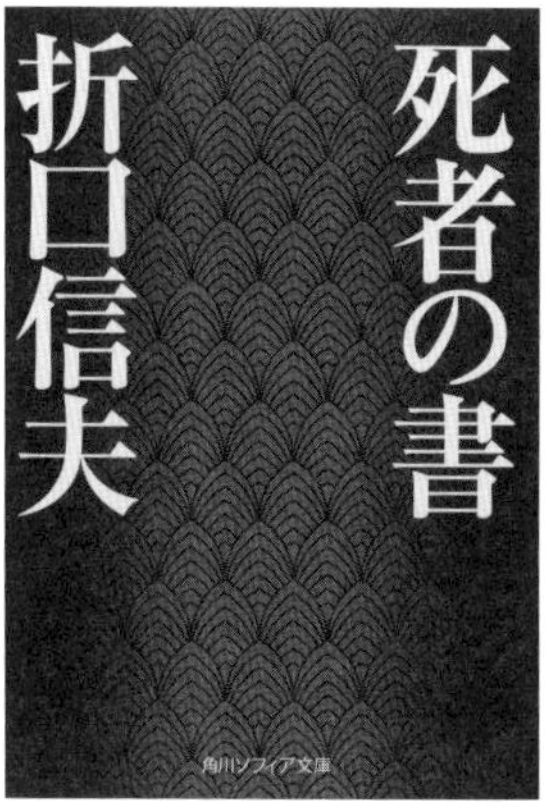

折口信夫『死者の書』

んですよ。それに、幸せの王子からいえば道連れにしてしまったツバメさんも、捨身なわけだしね。ワイルドの場合には、ビアズリー（一八七二〜九八／イラストレーター、詩人）が挿絵を描いている『サロメ』がある。むしろこちらがワイルドの本領でしょう。でも、これも、エロティシズムとしての捨身がテーマです。サロメは自分に対して、バプテスマのヨハネの捨身を求めているわけです。バプテスマのヨハネも、それがわかりながら、首を切られているような感じがある。これはワイルドらしい、耽美的で、かつエロティックな話ですね。

加藤　折口もエロスを、通奏低音のようにしていますね。

呉　釈迦の説いた本来の仏教《プロト・ブッディズム》には、捨身は特に出てこないけど、後世の大乗経典や釈迦の本生譚《ほんじょうたん》（前生譚）であるジャータカには出てくる。手塚治虫の『ブッダ』は行き倒れの老人のためにウサギが捨身するところから始まってます。手塚は岩波新書の『仏教』をベースにしている。この岩波新書を書いたのは法華経系仏教学者の渡辺照宏《わたなべしょうこう》（一九〇七〜七七）だから、こういう発想になるんでしょう。手塚はインドにおける釈迦像を描いたつもりだけど、法華経的なものが、そこに入ってきています。これはこれで全然悪くないし、仏教・釈迦のマンガ化としてはよくできています。

加藤　宮澤賢治（一八九六〜一九三三／詩人、作家）もそうですね。「ぼくの体なんか百ぺん焼いてもかまわない」と、火に飛び込んでいく愉悦。

呉　同じ思考方法を持ってるからね。妹を看取る時の雰囲気も、それに近いものが感じられます。

加藤　今は泣ける話というと、すぐ『フランダースの犬』になってしまいますけどね。

呉　あれも泣けるねえ。あれも、やっぱり死が絡んでいるよね。

加藤　しかしあれは、なぜ泣けるのかが、ちゃんと理解されていないんですけどね。

呉　あれは単純に泣けるよね。

加藤　なんと！　先生は、わりと、真っすぐなんですね（笑）。

呉　ええっ、そんな（笑）。ああいう単純なものは、単純に受け取らないとダメだと思うよ、俺は。

加藤　あのラストシーンは、天使に連れていってもらって、死ねてよかったねという場面でしょ。

呉　正確には覚えてないけど、天使が連れていってくれたのは幻影なんじゃないの？　本当に連れていったの？

加藤　これ、今どういう水準で話しているのですか？　もちろん幻影ですよ、教会内ですけどね。
呉　本当に連れていってくれるんなら、また、別の話だけどさ。
加藤　それは逆に怖いです。
呉　そりゃそうだ。

継いでつなぐ

呉　柳田國男（一八七五～一九六二／民俗学者）の『遠野物語』のような伝承世界における死についても考えてみたい。柳田國男自身の体験の話として日本的「家」制度がある。血縁はないけれど養子として家を継ぐという制度です。これはケーガンの本の中にも出てくる。自己の永続性ということを願望する場合、ある人は功成り名遂げて、銅像を残したりする。また子供に自分の名前を付けて後を継がせたりする。名家では代々同じ名前という例がある。欧米にも同じ例があります。しかし、日本の場合は特殊で、血縁ではないにもかかわらず、養子という形で自分の姓（名）を継がせる。このようにして、自分の有限の生を、疑似的に無限にするんだね。柳田はもともと松岡姓で、兄弟はみんな別の名前になっている。湯川秀樹（一九〇七〜八一／理論物理学者）もそうだけど、昔はよくあった。実家は豊かではないけれども、頭のいい子供が、金持ちに請われて家を継いだりする。深沢七郎（一九一四〜八七／小説家）の『楢山節考』は伝承世界の死を描いているようだけど、これは少し違う。現代の良識を挑発して書いているところがある。実話としてもあり得ないしね。

加藤　単に捨てにいったというより、死んだら山に霊魂を還しにいくのだと。

呉　そういう習俗は日本にあります。死んだら霊魂は山に帰って盆と暮れに帰ってくるというのが、日本の伝統信仰なわけだから。

水木しげる

加藤　水木しげる（一九二二〜二〇一五／漫画家）の作品は、どうですか。

呉　売れっ子マンガ家になって仕事が忙しくなってからは絵もストーリーもアシスタントが加わるから、どこからどこまでが水木しげるの固有作品かは、研究者の立場としては即答できないね。俺が水木さんのところに行きだした一九七〇年頃から、だいたいそうだった。以前、加藤さんが「先生、水木さんのところで、どういう作品を書いたんですか？」と聞いたことがあったね。俺はストーリーのネタ出しの仕事をしていた。こんなストーリーを作ったりしていたんだ。「ある冴えないサラリーマンが道を歩いてたら、変な手帳があったんで、それを、何だろうと思って見ると、中に名前がいっぱい書いてある。翌日、新聞記事を見ると、その人が死んでて……」という梗概《こうがい》。加藤さんが「それ、『DEATH NOTE（デス・ノート）』じゃないですか」と言ったんだけど。その『DEATH NOTE』は、水木しげるの『不思議な手帳』をもとにしてるという噂が流れています。たぶんそうだろうね。でも『不思議な手帳』は、俺が梗概を書いているんだよね。あれ、全部、俺の印税形式にしてたら、いま、もう、巨万の富が……（笑）。

加藤　そうですよお。

呉　水木さんのところでは、買い切りだったし。というより、没になった梗概でもお金をもらってるし、没になったほうが多かった。他にも何だかんだ頂いているんで、不満は全くないんだけどね。六〇年代後半の『悪魔くん』とか『ゲゲゲの鬼太郎』とか、一話完結のものはマンガ家は簡単には連作できないのでスタッフを抱えるわけですよ。『ゴルゴ13』（さいとう・たかを〔一九三六～〕）も、ずっと前からそうでしょうね。『黄昏流星群』（弘兼憲史〔一九四七～〕）もそうかもしれない。二話か三話完結でよくできている。あれだけのもの、そうそう作れないんだよ。娯楽作品として面白く作ってある。水木さんの場合も、そうした作品から水木さん固有の死生観云々は論じられない。

加藤　マンガだと、諫山創（一九八六～）の『進撃の巨人』、石田スイ（一九八六～）『東京喰種』、白井カイウ『約束のネバーランド』など、死体を利用するとか喰らうという、人間の道具化という邪悪さを描いた作品もありますね。

呉　そうですね。食人はいつの時代にも衝撃的ですから。ガリバーの中には、なかったっけ。スウィフトの諷刺短篇の中にも、赤ん坊を食う話がある。

カズオ・イシグロ『わたしを離さないで』

加藤　カズオ・イシグロ（一九五四～／小説家）の『わたしを離さないで』は、臓器移植の原料として子供を使うという話ですが、今の学生が読むと、これ『約束のネバーランド』じゃんって、逆に思うわけです。せっかく死ぬんだったら、それを誰かに役に立ててほしいという思いと、それから、そういう、何か道具に使う、臓器移植までいかなくても薬とかが、胎児を使ったりしてるわけですよね。

呉　ああ、胎児まではいかなくても、胎盤ぐらいはね、使ってるでしょうねえ。

加藤　プラセンタとか、そうですもんね。死の産業化です。死体を原料にするとなると、ナチスに近いものがある。それが、産業という名で、隠れて行われていることもあります。

呉　ちょっと横道にそれるけど、水木しげるさんの話が出たから、俺が水木さんの手伝いをした時の体験談も少ししますか。

加藤　あら面白そう。ぜひ。

呉　他でも書いたことがあるけど、水木さんは妖怪なんて信じていないし、死後の世界なんてのもあまり信じてるとは思えない。ひところ水木さんの趣味は、深夜に近所の多摩霊園を自転車で散歩して、適当な墓を見つけてはオシッコをひっかけることだったんだよ。

加藤　えーっ、それは、霊なんて全く信じていない感じですね。

呉　水木さんに言わせると、霊と自分が交信する小便通信なんだって（笑）。

加藤　霊を慰めるというより、からかっている感じがします。その意味では霊の存在は信じているのかもしれない。

呉　水木さんにとって、霊だの妖怪だのは、読者サービスなんです。そういう面白い奴らがいるぞっていう。それとは別に、神秘的な話、怪奇の話は、話として興味がある。マンガの素材とする上でもね。それで資料となる文献も本棚にぎっしり買っている。俺が出入りしていた一九七〇年代は、ネットで資料を買うなんてことはまだないので、資料集めも大変でね。江戸期の鳥山石燕《とりやませきえん》（一七一二～八八／画家）『画図百鬼夜行』とか桃山人《とうさんじん》『百物語（桃山人夜話）』なども、原本はなかなか入手できない。ところが、これを持っているコレクターがいることがわかったので、俺に借りに行ってきてくれ、ということになった。そのコレクターは名古屋の鳴海に住んでる薬学者で大学教授。

加藤　名古屋なら、先生のご実家があるでしょ。

呉　だから、久しぶりの帰省ついでにその学者のところに行けるわけです。水木さんは新幹線代と日当を出すと言ってる。ちょうどいいやってんで、その大学教授の家へ行った。二階家の二階全部が教授の書斎で、書画、骨董、新刊書、古書で埋め尽くされている。俺が興味津々で眺めていると、教授は、そこの掛け軸は誰それ、額装の絵は誰それ、あっちの全集、こっちの図鑑……、もう洪水のような説明です。なかなか渋い扁額《へんがく》を指さして、ヒナツがくれてねぇ、なんて言ってる。はあはあと聞いているんだけど、こっちは大事な資料を借りて戻らないといけないんで、上の空でね。しばらくいて教授の家を辞し、無事水木さんの元に資料を届けました。それから半年かそこらして、そういえば鳴海の教授の扁額はヒナツにもらったと言ってたっけ、ヒナツって、え、日夏耿之介《ひなつこうのすけ》（一八九〇〜一九七一）だよ。

加藤　神秘派で耽美派のゴシックロマン詩人。

呉　そう。ちょうど一九七〇年頃に再評価の機運があって復刻本が何冊も出たの。その大学教授は日夏耿之介と交流があったんだね。それからさらに二十年ほどして、それならあの教授は何者なんだろう、確か名前は内藤多喜夫《ないとうたきお》だったが、と思って図書館でいろいろ調べると、俳号を内藤吐天《とてん》（一九〇〇〜七六）という有名な俳人で、句集のほかに翻訳も多い文学者だった。こんな人の書斎に上がって美術品や本を見せてもらっただけでもいい体験です。

加藤　しかも旅費は水木さん持ちですし。

呉　日当まで付いた（笑）。

加藤　水木さんのところの資料アルバイトって、いいことばかりですね。

呉　そもそも水木さんの蔵書は読み放題です。東京堂や汲古《きゅうこ》書院の江戸期の随筆全集類は勉強になったね。これもアルバイト料もらって勉強させてもらってるようなものだよ。でも、水木さんの期待に応えられないこともあった。先ほどの江戸時代の妖怪画集などを読んでくれなどと言われたけど、この「崩し字」というやつは大学の国文科で教授にしごかれなきゃ読めるようにはならない。これはゴメンナサイでした。面白いことに、今世紀に入る頃、アダム・カバット（一九五四〜／アメリカ人の日本文学研究者）が『妖怪草紙――くずし字入門』などの本を出した。妖怪画で崩し字の勉強しようって本です。これが二十年早けりゃ、これも俺の勉強兼アルバイトのもとになったんだけど。

「なまはげ」と霊の問題

呉　霊なるものについても考えておきたい。霊を見た、見ないというのは、ここ何十年か、よくテレビでやっていたりするね。最近でも、矢作直樹《やはぎなおき》（一九五六〜）という医者が、人間は死ななくて、死後の世界が云々みたいな。しかし支那古典にある話で決着はついているようなものです。後漢の王充《おうじゅう》（二七〜？／文人・思想家）に『論衡《ろんこう》』という有名な本がある。これは論を衡《はかり》（度・量・衡）にかける、検討するという意味です。王充は合理主義者なんだけど、霊の話が特に面白い。二千年前の理論が今も通じます。

王充はこう言います。霊を見たという人はいるけど、それは霊ではない。その霊は、裸で出てきたか、服を着ていたか。どの霊も当然ながら服を着て出てくるわけですよ。おじいちゃんは昔愛用していた服を着てたり。でも、それは霊ではない。なぜなら服には霊はないだろうと。これはわかりやすいし、かつ面白い指摘だよね。現代でいえば、霊がメガネをかけていたら、霊ではないんですよ。メガネの霊はないわけだから。靴も入れ歯も同じこと。論理は、こういう展開をするのだということが非常に面白くてね。こんな単純なことが二千年前の人がわかっていて、なんで今でもわからない人がいるんだろう。

加藤　見えるというのも、実は既成のイメージに頼って、見たいように見ているだけなんでしょうね。

呉　東北の「なまはげ」も本来は祖霊です。昨今は子供が怯《おび》えるからよくないと言われたりする。あれは、子供を怯えさせるためにやってる面もあるけれど、単に教育的な「勉強しねえ子はいねえか」「勉強せにゃいかんぞ」ということではない。あれは祖霊が年に二回、里に下りてくるという習俗に関係しているわけです。夏のお盆も、考えてみれば仏教本来の習俗ではないわけで、日本の伝統的他界観、年に二回、夏のお盆と冬の旧正月に山から下りてくるというもの。そういうことも忘れて、子供を脅《おど》かす教育がいいか、悪いかという議論になってしまっている。

加藤　今の価値の尺度だけで近視眼的に捉えると、それで済むのかもしれないけれど、死生観となると、歪みが出てくることになりますよね。

王充『論衡』

呉　夏のお盆で、御霊《みたま》迎えをやるのも、本来の仏教の文化ではなくて、盂蘭盆経《うらぼんきょう》という支那で作られた偽経《ぎきょう》（偽の経典）から始まっている。供養をしないと、ご先祖様が餓鬼道に堕ちて飢えで苦しむという話だね。釈尊は、そんなことは言ってないわけでね。本来の仏教が、大乗仏教に変容して、さらに習俗と習合して出てきたうちの一つです。それが日本に入ってきて、ご先祖様が山に帰っていって、戻ってくるという話につながった。キュウリやナスで馬を作ってご先祖様を乗せるという風習ね。あれも、宗派によって違っていて、浄土真宗ではやらない。名古屋は真宗が多いんです。日蓮宗と曹洞宗は少数派です。俺は子供の頃、お盆になると近所でナスやキュウリや迎え火をやってると、特に意味もないんだけど何だかうらやましくて、母に「ウチはあれ、やらないの？」と聞いたことがある。「ウチは浄土真宗だからやらない」って母は答えた。あれは曹洞宗や日蓮宗がやる。そういうんだよね。その時は、「そういうもんか」と思っていたけど、後になって考えてみると、浄土真宗があれをやらないのは、論理的に整合性がある。極楽浄土が本当に最高の世界だったら、お盆だからといって祖霊がわざわざ濁世《じょくせ》に戻ってくる必要はない。浄土真宗を俺はバカにしてるんだけど、この論理徹底性・整合性だけは好きだね。

加藤　バカにされても褒められている親鸞（一一七三〜一二六二／浄土真宗の宗祖）さん。

呉　いやいや（笑）。もっとも、その極楽浄土が論理的に成り立たない。存在しません。地動説の発見まではあり得たけれどね。浄土系の寺は「西」が付くのが多い。西方寺とか西蓮寺とかね。「西」が入るのは西方に極楽という清らかなところがあって、それを統括しているのが阿弥陀如来であるということなんだね。ところが、南北は絶対基準でしょう。地球の地軸により決まるわけだから。でも、東西は相対基準なんだよね。東洋人にとっての西は、アメリカ人にとっては東だからね。だから西のほうに極楽があるって話は成立しなくなる。こういうことは、浄土真宗も浄土宗も言うとヤバいから、あまり言いたがらない。下級の坊さんはごまかして、「極楽は心の中にあるんだ」とか言うけどね。

加藤　地球が回転する向きは決まっているので、太陽は必ず東から昇る。太陽を神と崇める信仰だと、そういう矛盾は生じませんよね。折口信夫も太陽信仰を民族の軸として、お盆は夏至で、なまはげの行事は冬至に重ねられるし、『死者の書』では、春分と秋分が強調されています。

『山越阿弥陀図』禅林寺永観堂所蔵

呉　二上山《にじょうざん》の山の上から、二つの峰の間から春分と秋分の日は、日が昇ってくるので、それが折口の『死者の書』の背景になっているわけですよね。

加藤　折口は、そういう太陽信仰まで戻って、近代どころではなく、仏教以前にもさかのぼる日本の死生観を探りあてようとしていたらしい。柳田とも途中までは共に歩を進めています。

呉　二上山は日本人の信仰の上で重要です。でも、習俗に対する解釈は、俗流解釈が広まっていて、もっと深いところにあるものは知られていない。

国宝になっている禅林寺（永観堂）の『山越阿弥陀図《やまごしあみだず》』があります。ほかにも同一主題の仏画が何作もある。この山越阿弥陀図は二つの山の間から阿弥陀如来が姿を現しています。二つの山は奈良の二上山ですね。先にも出ましたが、二上山はまた春分、秋分には二つの山の間に日が沈む。古くから神秘的な感じがする聖地でした。折口信夫は『死者の書』に自ら触れた小文でこの山越阿弥陀図を論じていますね。この阿弥陀像なんですが、現代人であるわれわれから見ると、神秘的とか荘厳とかより、かなり不気味な感じがします。山と山の間から巨大な阿弥陀像が威圧するように出現しています。ぬっと出てきた感じです。死という無限の虚無を象徴しているようだね。これらの絵は平安末から鎌倉期のものだけど、昔の人はどう感じていたんだろう。不気味と安楽が重なっていたんじゃないかと思うんだけど。このあたりは美術史家に聞いてみたいところです。

安楽死の問題

加藤　ケーガンの本は、最後に自殺の考察に至ります。現代では、健康志向の一方で、逆に死にたがる病気にかかっている人々も多くなっています。自分の生涯は自分のものとしてコントロールしたいと思って自殺する文学者や思想家もいる。自ら終わらせることで、人生の意味づけを決定し、演出することができるからでしょう。生きている間に盛んに表現していたことよりも、死に方のほうがずっとインパクトが大きい場合もある。江藤淳（一九三二〜九九／文芸評論家）や西部邁（一九三九〜二〇一八／評論家）も、今となっては、その自殺という死に方が強い印象を残しています。もちろん、死は逃げでもあるでしょうが、しかしやはり自殺して何が悪いのかという感覚が、世間に蔓延している面もあります。寿命が延びたから、こんな贅沢が許されているともいえますが、この自殺願望をどう捉えるかを考察したケーガンも、結局、別に自殺は悪いことではないと書いている。そうしたいなら勝手にすればいいのだから。むしろ、なぜ自殺してはダメなのかを説明しなければならない時代になったといえるでしょう。

適菜　お二人は、自殺はどうなんですか？　肯定しているんですか？

呉　俺は、基本的には肯定です。キリスト教的な世界観では、命は神が与えてくれたものであり、自殺は神に対する冒瀆《ぼうとく》だとする。自殺を犯罪にしている国があるらしい。

加藤　旧東ドイツも、そうでしたね。

呉　でも、死んじゃったら罰しようがないじゃないかなぁ。

加藤　名誉が奪われる。自己殺害犯って呼ばれるんですよ。

呉　でも、せいぜい名誉でしょう。自殺したら、子供たちに遺産が継承されないとかならわかるけど。

加藤　そもそも共産圏ですけどね。今の日本でも、自殺だと保険が下りないとか、そういう経済的ペナルティはありますね。

呉　基本的には自殺は法的にも道徳的にもよくないということになっているけど、日本においては、先にも触れた『楢山節考』のおりんばあさんや、切腹の問題もある。だから、日本の場合は、納得できるという自殺もあるよね。

適菜　日本では神からもらったとは言わないけど、親からもらったと言いますよね。

呉　だから、親に対して申し訳ないというのはあると思う。親に恩返しもできずに若くして死ぬのは親不孝だとか。でも、軍人が負け戦《いくさ》の責任を取って切腹するときにはそうは言わない。

適菜　でも、どうなんですかね。責任を感じる対象が置き換わっているだけではないですか。キリスト教の神なのか、親なのか。軍人だったら天皇とか。

呉　でも、恩返しというのは責任論だからね。神に対する冒瀆という発想よりはかなり弱いんじゃないかな。

加藤　西欧には殉教がありましたよね。

呉　殉教者ね。聖ペテロもそうだ。でもこれは神への恩返しになるわけだから、問題ないと解釈してるわけでしょう。イスラムだって、体に爆弾巻いて殉教自殺したりするのがあるんだからね。

加藤　むしろ誉れですからね。

適菜　加藤さんは、どうなんですか。死生観としては。自殺はありなんですか？

加藤　それはもう、いつでも、チャンスを狙ってます。

呉　そこまで言わんでも（笑）。まだやり残した仕事はやらにゃ、ならんでしょう。

加藤　それは全くないですね。やり残したも何も、もともとこの世でやらねばならないことなど全くないし。ただ美味しいものを食べるお金が稼げているうちは、この世に居ようかな、というだけです。

呉　それは単に食いしん坊だな。

加藤　快楽主義に徹していますので。この世に何も残さないために、こうやって一人でいるわけですから。ご家族をお持ちの方は、いろいろあると思いますが。

呉　責任感みたいなものがねぇ。子供に対するとか、配偶者に対するとか。

加藤　それをできるだけ負わないように。ふた親を穏やかに見送ることができて、今はものすごい解放感があります。

呉　俺は何とかまともな形で生きていられるなら生きていてもいいけど、重病になって苦しむのは嫌だね。母の最期を見ていてもそう感じる。九十一歳で死んだけど、最後の一年間は早く死にたいと言っていた。肺炎になってもうダメだなと思っていると、現代は医学が進んでいるから治ってしまう。母はあの肺炎の時に死んでいればよかったと何度も愚痴っていた。俺も、そうだなあとは思うけど、そうだよねとも言いにくい。そこは、せっかく授かった命だからみたいな、当たり障りのないことを言っていたのだけど、おふくろの気持ちはよくわかる。糖尿が悪くなって長年人工透析していたから、体の末端部分、母の場合は足だったけど壊死《えし》してくる。足の指が真っ黒になって、骨が出てくるから、触れるだけで痛いんですよ。万一、よくなったとしても九十一歳だから、この先、世界旅行に行くとかはあり得ない。どちらにせよ死が目前に迫っているのだから、強い痛み止めの薬に頼るしかない。モルヒネ系の薬ね。これを医者がなかなか使いたがらないのが問題なんですよ。事故があったらと。いまさら事故もへったくれもないから、強い痛み止めを使ってくれと懇願して、ようやく安眠できるようになった。麻薬系の薬はほかに障害が出るというけど、死が差し迫っていれば、痛みを止めなければいけないと思う。医者がそれをやらないなら、安楽死したい。お金や手続きの問題があるけど、スイスやオランダに行って死のうという気持ちになるよね。ただし、体が動かなくなったら飛行機にも乗れなくなる。

加藤　それなら橋田壽賀子みたいに、スイスに連れていってくれる人を確保すればいいんですよ。

西部邁の自殺

呉　二〇一八年に自殺した西部邁もそれに近いものがある。もう、やることもないし、奥さんを亡くしたショックもあるしね。多摩川で死んだのも、奥さんが入院してた病院が近くにあったからかもしれない。弟子を二人、介添えというと語弊があるけれども、そのあと、自殺幇助《ほうじょ》の問題になった。執行猶予が付いたけど、周りが同情した。俺も協力したけれども、裁判費用を集めたりした。あれねぇ、巻き込んだのは、まずかった。西部さんの場合は、まだ体が動いたから一人でやるべきだった。本当に体が動かなくなったら、一人ではできないね。

加藤　『ジョニーは戦場へ行った』（ダルトン・トランボ［一九〇五～一九七六／脚本家、映画監督、小説家］が一九三九年に発表した反戦小説、映画）では、自分で死ぬこともできない状況の恐怖が描かれていますね。

適菜　私は、晩年の西部さんと、少しだけお付き合いがあったんですけど。そこまで体は弱ってはなかったですね。一人で自殺できましたよ。それで、すごい、怒ってる人はいました。

呉　いるいる。藤井聡（一九六八～／工学者）は怒ってるよね。なんで、弟子を巻き込んでやるんだと。それは、そのとおりでね。遺体処理の迷惑くらいは仕方がないけど。その程度の迷惑なら、お金を三十万円くらい残しておいて、あと、清掃してくださいで済むことでしょ。俺は今年で七十四だけども、五十の時なら、少しくらい痛くても我慢して生きようと思う。でも、年を取って何もできないなら、痛みを和らげるために強いアヘン系の薬を注入すればいいと思う。そのまま死んじゃうわけだからね。

適菜　二〇一九年に体調を崩された時に、死を意識したことはありましたか？

西部邁

呉　いやぁ前立腺がんでは、そう簡単には死なないからね。医者も、そういう意味では、わりと楽観的だった。おしっこが出ない苦しみもあるけど、手術すればよくなるわけだから。ただし、いずれ、ほかの病気が出てくる前兆だとは思う。まとめてみると、耐えがたい苦痛と回復する見込みがないという二つの条件があれば、これは安楽死を選びます。

加藤　精神的な、この世への未練は何ですか。

呉　基本的には仕事でしょ。これとあれはやっとかなきゃいけないというテーマは常にあって。なかなかそれができてない。編集者はせっついてくるんだけど。ドストエフスキーでも、『カラマーゾフの兄弟』だって、完結してないわけだから。自分でも残念だったと思うよ。だから、やりたい仕事、やれる仕事がある以上は、なるべく元気でいたいと思う。苦痛だけあって仕事ができなくなれば死ぬだけです。

適菜　加藤さんは、西部さんの死は、どう思われましたか？

加藤　奥さまの後を追う例は、今までもありましたよね。おおむね美談として。

呉　江藤淳もそうだよね。

加藤　古い世代の男性は、家事などの日常生活の能力が乏しくて、大変でしょうね。

呉　江藤淳の場合は細かい事情はよく知らないけど、西部さんは日常生活は、別に困ってなかったと思うけどね。娘さんもいたし。

加藤　精神的にも依存していたのでしょうね。

呉　奥さんに対しては、精神的な依存はあったと思います。そういう意味では、奥さんは、自分が死んだら、旦那も間もなく、なんらかの行動に出るだろうというのは、薄々、わかっていたと思うよね。

適菜 自殺すると、みんな、後から意味づけしたがるではないですか。外野が。西部さんの件も、わけわかんない奴が、すり寄ってきて、意味を問おうとする。私はああいうのは嫌ですね。西部さんが死んだ理由は、入院したくないからだったと思います。病院が嫌いだから。

呉 それもあるけどねえ。俺は、奥さんのほうが大きいと思うよ。

適菜 でも、奥さんが死んでから何年も経ってますよね。

江藤淳

呉 七、八年は経ってるかね。奥さんは現代の女性としては若くして死んだ。七十になる前くらいだったんじゃないかな。

加藤 先生は、西部さんの自殺の報があってから、ずいぶん、気にしておられましたよね。

呉 コメント書かなきゃいけなかったからね。追悼だからあまりまずい話は書けないし、過去のいきさつがどうのこうのは、そこで言うべきじゃないし、そういう意味では、俺の父は幸せだった。救急車で運ばれて、二時間後には死んでいるからね。

加藤　現代では、お幸せな死に方の一つですよね。

適菜　加藤さんが、ご両親を看取った時に、感じたことはありますか。

加藤　上手に逝ってくれたという感じがあります。二人とも、あまり苦しまず、穏やかに。父はとても用意周到な人で、自宅の隣りの田んぼに医療介護施設を建ててもらい、そこに入居していました。後に母もそこで亡くなりましたが、介護する側は楽でしたね。すぐそばだったから。田舎だからそういうこともできたわけですが、つくづく子孝行な親でしたね。

呉　オランダやスイスには行きます？　安楽死のために。

加藤　行きたいですが、そこまで行かなくても、自分でできるんじゃないかと思っていますが。

呉　でも、自分では、やりにくいでしょ。

加藤　スイスの自殺幇助では、美味しい液体を飲むと、三十分後には穏やかに死ねるらしいし、ＮＨＫの番組では毒薬を点滴で投与されて、眠るように亡くなっていましたよね。

呉　自分でやるのは、本能的に自分で拒否してしまう。切る場合は、ためらい傷ができたりしているらしい。首吊りは、縄をくって、足を支えていた椅子を蹴飛ばせばいい。あれは比較的、苦しくないといわれている。だから、絞首刑があるくらいです。それでも、数分間は、ものすごく苦しいに決まってるわけだ。その点、薬物は意識を失うから、苦しくない。塩化カリウムは心臓に打撃が来るから、瞬間的ではあるけど、やっぱり苦しい。だから、いちばん、いいのはオピウムです。アヘン系のものを大量投与するというのは、やったわけではないからわからないけど、お花畑が、バーッと頭の中に咲き乱れて死んでいくわけだから幸せでしょう。

加藤　それは、いいですね。私は、酔っぱらって雪道で寝てればいいかなと思っていますが。

呉　寒いじゃないの、それ（笑）。

加藤　そうやって亡くなってしまう方は多いですよ。

呉　雪国でホームレスが亡くなるけど、あまり楽しそうじゃない。やっぱ、アヘンですよ。だって、死なない奴でさえ、アヘンをやりたいんだから。

加藤　最後くらい、そうやって面白おかしく過ごしてみたい気はしますね。後先を考えないでいいんだから。

呉　日本にそれが早くできればいいけど。いつ許可されるか、わからないわけだからね。

摂食障害の問題

呉　飛び降り自殺は最悪ですね。下を歩いている人を巻き添えにしたりもする。もっとひどいのは列車自殺なんだよね。あれは莫大な損害賠償が生じる。乗客に対する払い戻しもあるし。肉片や血が飛び散るから清掃するのもお金がかかる。何千万というお金がかかる。だから、飛び降り自殺、列車自殺は、もってのほかですよ。自分で死ぬ根性がない人のためにも安楽死の問題は考えておかなければいけない。これが普及すれば、お金もそんなにかからない。十万円くらいで施設で安楽死できるようになれば、迷惑な自殺も減るでしょう。

加藤　そうなんです。スイスでは自殺者が減っているんですよ。

呉　安楽死が整備されていれば、自殺をする必要はないものね。

適菜　体が動くうちに安楽死するというのは、リバタリアンの考えに近いのでしょうか。

加藤　そうですね。自分の命のことに、国家や法律が介入してほしくない。

呉　究極の自己決定権みたいなものだよね。命に対しての自己決定権だからね。大学に行くか、就職するかとか、それより、もっと究極の決定権だからね。

適菜　これは知り合いの編集者から聞いた話ですが、生きづらさで摂食障害で死を選ぶ女性が増えているそうです。

呉　摂食障害で、ものを食わずに自殺するってこと？

加藤　すごい。それは修行者のようですね。

呉　俺も、一瞬、それを思った。

加藤　即身仏になるんですね。

呉　ただね、摂食障害の人は精神的におかしくなっているのだから、こうすれば生きられると説得・治療できるのなら、生きたほうがいいと思う。社会のほうからの要請としても、たった一人でも人材確保になる。摂食障害は病気だからね。俺が言ってるのは、健康できちんとものを判断できる人がということ。

加藤　選択肢を見渡せる余裕があればいいんだけど、病気になると、視野狭窄《しやきょうさく》に陥ってしまうから。

適菜　ガリガリで摂食障害になっても、その姿を美しいと思っている女性がいる。「痩せ姫」ともいわれているらしい。自分の価値観で、命と引き換えに痩せて死ぬことを選択する。だから、一概に、病気ともいえないところがありますね。

呉　でも、それはやっぱり広義の病気だよ。精神的なメンタル系的なものを病気といっていいのか否かという根本的な問題はあるし、それを世界観や生き方ということもできるけど、やっぱり病気だよ。

加藤　きちんとカウンセリングで見つけてあげなくてはいけないですよね。

適菜　たいがいは、カウンセリングで、うまくいかないそうです。

加藤　洗脳が、きついのかな。

呉　だろうな。そこまで行っちゃうと、きついんだろうね。カウンセリングなんて限界があるからね。痩せるのを一種の苦行としてやってるというより、「痩せてるのがいい」といった変な美意識に支配されている。飽食の時代に入ってからだから、この半世紀ばかりの傾向だけどもね。それまでは、そういう価値観・美意識はない。男でも、女でも。典型的な例としては、北朝鮮の先々代の金日成（一九一二～九四／朝鮮の革命家、政治家）がそうであるように、あれがカッコよかった。二代目、三代目になるとダメだけど。初代に関しては、民衆はウチの指導者はカッコいいいいと思っていた。太っていて、貫禄があって、目鼻立ちもはっきりとしているからね。谷崎潤一郎（一八八六～一九六五／小説家）もそんなことを言っていたはずだよ。

加藤　昔の時代の、王様ですね。

呉　金日成はそれなりにカリスマ性があった。当然、実態はソ連のロボットにすぎないのだけど、表面的には庶民に尊敬されていた。

適菜　金日成は二人いたって、アレは本当なんですかね。

呉　あれは本当ですよ。二人説も三人説もある。

適菜　伝説の金日成と、有名な金日成は別だと。

呉　国家主席の金日成は金成柱《きんせいちゅう》、名前も違ってたわけだしね。反日ゲリラの英雄である金日成は、もっと前にいたんだよ。しかも数人いたらしい。でも、金成柱の容姿が、俺こそが本家金日成だ、みたいなのを、民衆に信じさせる力があったんだろうね。

　痩せる話に戻ると、覚せい剤を使うと痩せるというので、モデルや水商売系、芸能人が使うという話がよく出てくる。あれは単純に、食欲がなくなるからなんだよね。

適菜　ダイエット薬はほとんど気休め程度で、薬で痩せる方法は食欲をなくすか、油を強制的に出すかの二つしかないらしいです。

呉　多くは心理効果。これを飲めば痩せるよと。

適菜　代謝が改善するとか、その程度の話で。だから、脳の中枢に働きかけて、食欲をなくすサノレックスという薬だったり。

呉　それは、危ないほうの薬でしょ。

適菜　でも、一応、医師は処方できるんですよ。油を強制的に排出するゼニカルのようなのは、日本では認可されていないようです。でも、輸入できますからね。

呉　ああ、そうか。そうだねえ。

適菜　シンガポールに行くと油っぽい中華料理を食べる機会が多くて、心配だったんでゼニカルを飲んだことがあるんですよ。そしたら、街、歩いてても、出てきちゃうんで。

呉　ウンコが出るの？　油が出るの？

適菜　油が出る。トイレに行きたくなるくらいならいいけど、無自覚に油が出てくる。おむつとかしてないと使えない。そこまでして痩せたくないなと。

呉　うわっ、なんか壮絶というか、滑稽というか。

適菜　エロティシズムの話が、先ほど出ましたけど、性欲がなくなってくると、死に対して、寛容になってくることはあるのでしょうか。

呉　フロイトのいうリビドーとは、根源的な「生への欲望」ということです。余談だけど、山陰の島根県の松江が俺は好きで、何回も行っている。出雲大社のほかにも古い神社があったりしていいんですよ。その島根でバスに乗っているとき、ギョッとしたことがあった。レストランリビドーとか、洋菓子リビドーというのが何軒かあるんだよ。それで調べてみたら、戦後、店を始めた人がドイツ文学の先生に、店名について相談した。すると、先生はリビドーがいいと言ったんだって。先生は正しい本来の意味で、人間を根源的に動かしてる力という意味でリビドーと付けたんだけどね。でも、一般にはリビドーって性欲って意味に使われるから、洋菓子リビドーには驚くよね。そういうキッチュな部分も含めて、松江は美しくていいところです。もう四、五回行ってます。

第四章
捨身

イザナギ・イザナミの話

呉　前半に総論的にいろんな文学作品に触れましたが、それを振り返りながら、もう少しつっこんでお話をしていきましょう。

『古事記』のアンチョコ本に『日本お伽集』（東洋文庫）があります。森林太郎（一八六二～一九二二／森鷗外、小説家）や松村武雄（一八八三～一九六九／神話学者）らが監修しているので内容はしっかりしています。イザナギ・イザナミの話を、子供向けのおとぎ話のようにしてまとめてある。子供向けの絵もふんだんに入っています。イザナギ・イザナミが大八洲《おおやしま》、つまり日本列島で、さまざまな神をお産みになったときに、いちばんおしまいに火の神をお産みになり、体を焼かれて海の国にお隠れになりました。これは、産道を経由して、性器が焼けてしまうということですね。

加藤　カグツチが生まれるときの話ですね。

呉　そうです。火の神の名前ですね。この他にも、興味深い話としては、『日本お伽集』には収録されていませんが、オオゲツヒメ伝説も古事記に出てきます。オオゲツヒメの場合は排泄物が描かれる。顔から出る広義の排泄物にはツバや鼻水、下から出る排泄物のオシッコやウンコは、作物に生気を与える。オオゲツヒメ伝説も人間の不完全性が、あるところからエネルギーに変わる、生命に変わるという話です。この伝説は、いろんな民族に共通している。

さて、イザナミノミコトは、火の神を産んで、女陰を焼かれて死に、黄泉の国に行く。旦那のイザナギノミコトはたいそう悲しんで、黄泉の国へ行って連れ戻そうとする。

「この世から黄泉の国までは、たいへん、道が遠くて。その間に恐ろしいことが、いくらもあった。非常に遠いという認識はあったけど、行って行けなくはない。古代人は死というのを、そういうものであると考えているわけですね。イザナギノミコトは、頑張って行きました。

そして女神には会えたが、彼女はこう言う。「あなたのおいでが少し遅かったので、私はこの国のもの、つまり黄泉の国のものを食べました。黄泉の国のものを少しでも食べると、もう明るい国へは戻れません」と。それでイザナギノミコトはがっかりした。

これが、いわゆる、黄泉戸喫《よもつへぐい》です。「よもつ」は、「黄泉の」、「つ」は「の」の意味です。「へ」は「かまど」、料理をするということ。黄泉《よみ》の国の料理を食べるという意味です。

男神は、遠いところから迎えに来たのだから、なんとか帰れんかと言う。女神はしばらく考えて、「では黄泉の神に話をつけましょう。その前に約束してください。私が戻ってくるまで、ここで待っていてください。絶対、私を見ないでください」と。

加藤 「見ないで」という言葉は、「とは言われても、やっぱり見たくなるよね」の伏線ですね。

呉 たいていそうですね。さて、イザナギノミコトは約束を守って、じっと待っていたが、いつまでたっても戻ってこないので、じれてきた。それで頭の左に挿しておいた、櫛の歯の大きい歯を一本欠いて、それに火を灯して、明かりを持って進んだ。櫛が神秘的な働きをするのも民話にしばしば出てきます。

奥に一つ部屋があり、物音がする。ミコトは火を掲げて部屋の中を覗くと、イザナミノミコトが寝ていた。体は腐ってウジがわいていた。八つの雷が、頭や胸や腹や手足に生まれて、うずくまっている。つまり、魔物が生まれているわけです。男神はびっくりして、灯《ともしび》を取り落として逃げ出すと、その物音に女神は気づく。そして「見るなと言ってたのに見たな」と怒る。そして男神を追いかけていく。黄泉の国の醜い女鬼も一緒に、わらわらと追いかけていく。男神は頭の飾りにかけておいたブドウの蔓を外してぶつける。果物の霊力です。そのあとにタケノコや桃が出てきますが、これらは生命力があるので、対抗呪術になるわけです。

加藤　「見たな〜」と追ってくる者に、物を投げつけながら一目散に逃げ帰る。これまた定番のイメージですね。

呉　男神は剣を抜いて、一生懸命逃げて、出雲国の黄泉比良坂《よもつひらさか》に辿り着いた。ここは人間の住む世界から、黄泉の国に入る入り口、逆にいえば、出口になる。この坂のところに一本の桃の木が生えているので、ミコトはそれを取ってぶつけるわけですね。魔物は桃の実を嫌う。陰《いん》のものに対して、エネルギーを持っている陽《よう》のものをぶつける呪術です。すると魔物の軍団は逃げていってしまう。

恥をかかされた女神は、今度は私がと追いかけていく。イザナギノミコトはイザナミノミコトが飛ぶように追いかけてきたので、石で穴を塞いでしまう。女神が「あなたは私の醜い、腐った体を見てしまった」と言うと、男神は「もう、お前と私の縁は切れた。私はこれから明るい国へ帰る。お前は、おとなしく黄泉の国へと帰れ」というわけですね。すると、女神は「それならあなたの国、地上世界の人間を一日に千人ずつ、こちらへ連れてくる」と。男神は平気な声で「よろしい。お前が千人ずつ黄泉の国に連れていくのなら、私は一日千五百人ずつ生まれるようにする」と言う。それで、女神は諦めて黄泉の世界へ帰っていく。こうして、この世界と黄泉の国の行き来は絶えてしまった……。

加藤　死にゆく者と生まれ出ずる者の数の収支計算で、少しずつ人口が増加していくことがわかります。

呉　ギリシャ神話にも似た話があります。オルフェウスです。オルフェ、オルフェオなどといろいろな言い方がある。妻のエウリュディケーが毒蛇に噛まれて死んでしまったので、竪琴を弾きながら冥府に入っていくという話です。冥府の王と冥府の妃を説得して、妻を連れて現世へ来るときに、決して振り返ってはいかんぞ、と言われたのを、つい振り返ってしまって、妻は連れ戻されてしまう。基本的な部分はよく似ています。大昔に母型になる話があったのか、それぞれ独自に生み出されたのかわかりませんが、こんなふうに古代の人は死をとらえていた。生と死は連続性がありつつも、それが切れているとする考え方ですね。現代人のように、死によって個人の生命が終わるとは考えていなかった。

加藤　死後の魂の存在をきっぱりと否定するケーガンのように、死んだらそれで終わりと考えるのは、最近の傾向であって、長い歴史と文化の中では、死後も何かが続いてゆくという考え方のほうが一般的だったと思います。実証はできないから、科学ではないのですが。

呉　こういう伝説や神話が、キリスト教なり、イスラムなり、宗教的なものに全部が収斂というか、整理・洗練していったわけでもないいんだよ。こういう神話の中に単純な人間の願望が出ている。千人ずつ黄泉の国へ引き込まれても、俺は千五百人ずつ産んでやるぜ、ということを言っているわけでね。「俺は産む」というのも、男の言葉としてはおかしいけれど、神様だからそういうことができるわけです。

加藤　そうですね。こうした神話的なものが、のちに世界宗教という体系へと整えられていくわけですが、こうした、整理しきれないような記憶を思い出そうとする人々が、文学者や哲学者のなかに居ることは重要です。

上田秋成『雨月物語』

呉　上田秋成（一七三四〜一八〇九／読本作者、国学者）の『雨月物語』に「菊花の約《ちぎり》」がある。これ、岩波書店の『日本古典文学大系』版も持ってますが、江戸期のものだから、読めなくはないけど、面倒くさいこともあり、石川淳（一八九九〜一九八七／小説家、文芸評論家）先生の『秋成・綾足集』という小学館で昭和十七年に出ている本から引用します。余談ですが、この版は古書価が高くなっています（笑）。さて登場人物の左門と赤穴《あかな》は、赤穴のほうが兄貴に当たり、左門のほうが弟分に当たる。もちろん血縁上は他人同士です。赤穴は名字で、赤穴宗右衛門という名前です。両方とも武士ですが、赤穴は軍学者で、左門は儒学者です。

播磨国、今の兵庫県で左門と赤穴は知り合って、兄弟の契りを結ぶ。義兄弟ですが、これは、いわゆる衆道ですね。この赤穴という名前だけで、ああこれはという感じですね。しかも、菊花の約ときてますから「モ〜ホ」です。二人は愛し合うようになるが、赤穴は出雲国に帰ってしまう。当時は、行き来するだけで一カ月くらいはかかる。

播磨から出雲なので、山を越えて行かなければならない。

加藤　遠く隔たっている二人。ドラマの定番です。

呉　九月九日の重陽の節句は、九の字が重なるので重陽です。陽というのは、数字の陰陽で、奇数が陽で、偶数が陰に当たります。奇数のいちばん上は九ですね。それが二つ重なるので縁起がいい。奇数が重なるのは、全部節句になります。一月一日から三月三日から、奇数は全部、節句になります。日本では、三月三日はひな祭りとなっていますが、本来は支那では、女の子の祭りではなくて、上巳《じょうし》の節句と呼びます。都合、一、三、五、七、九で、五回あって、九の節句が陽の数字のいちばん高い数字になるので、特に縁起がいいので重陽の節句ですね。菊の頃なので菊の節句ともいいます。

上田秋成『雨月物語』

加藤　現代では、九月九日の重陽の節句は、あまり意識されなくなりましたね。

呉　そうですね。これは不思議だけど。さて、赤穴と左門の二人は別れる時に、重陽の節句にはもう一回播磨に来るんで、二人で会おうぜと約束をした。しかし、いくら待っても赤穴が戻ってこない。弟分の左門は今か今かと待ってる。お母さんと一緒に住んでるんですけれど、ご飯も用意して待っている。お母さんは「都合が悪くなったのでしょう」と先に寝ている。

これを、少し読んでみますと……。石川先生の本でいきます。

外のほうばかりに目が惹かれて、心は酔ったようであった。老婆は左門を呼んで、「人の心が変わりやすい秋ではなくても、菊の色濃き今日来ると限りはすまい」。なんか都合があるだろう。「帰ってくる誠さえあれば、空は時雨に移っていっても、何を恨むことがあろう。入って、いねもして、また明日の日を待ちなさい、という」

（中略）

天の河の影、消え消えに、月は己れひとりを照らして寂しいのに、軒を守る犬の吠える声が澄み渡って、浦浪の音が、ここに打ち寄せてくるようである。月の光も、山の端《は》に暗くなったので、いまはと、戸を立てて入ろうとすると、ふっと向こうから、ぼんやりした影の中に人があって、風の間に間に来るのを、や、やっと見れば、赤穴宗右衛門であった。

赤穴宗右衛門が現れる前の雰囲気がいかにも「出るな」みたいな感じですね。左門は躍り上がる心地で、待ち焦がれておりました、誓いにたがわず来てくださってうれしいと言う。赤穴はうなずくばかりで何も言わない。ここは非常にうまくできていて、幽霊の風情が表れている。

左門は先に立って、南の窓の下へ迎え、座に着かせて、兄上のおいでが遅かったので、母も、あちらで、また明日の日をと、寝所に入りました。起こしてまいりましょう、というのを、赤穴は頭を振って止めながら、やはり物を言わない。

左門は「夜《よ》を継いでおいでになったので、さぞ、ぐったりして、足もお疲れでしょう。まあ一杯、飲んで、お休みください」と、酒を温め、魚を並べて薦めるのに、赤穴は袖で顔を覆い、その臭《くさ》みを嫌がる様子である。

ここの描写が、俺は、いいなあと思う。

加藤　繊細ですね。

呉　酒や魚は、あの世の者にとってはタブーになっている。ここが『古事記』とはずいぶん変わってる感じがするね。神道では酒やするめの類を供える。一方、仏教では仏前にこういうものは供えない。仏教が入ってから日本人の感覚が変わってくるわけです。続きを読みます。

　左門が「ほんの手料理でおもてなしにもなりますまいが、私の心いれです。いやしんでくださるな」と言っても、赤穴は、なお返事もしないで、ため息をつきながら、しばらくして、こう言った。「賢弟（お前）の誠あるおもてなしを、どうして受けないわけがありましょう。欺く言葉がないので、ありのままを告げます。怪しんでくださるな。私はこの世の者ではない。穢れた霊が、仮に形に現れたのです」

　左門は大いに驚いて。「兄上、どうして、そんな、怪しいことを言いだされるのか。まさか、夢とも思《おぼ》えませぬ」。すると、赤穴は次のように言った。「賢弟と別れて国に下ったが、国人《くにびと》は大方、経久《つねひさ》の勢いについて、塩谷《えんや》の恩を顧みる者がない」

云々と言って、自分が、なぜ、この日、お前と約束したのに、来られなかったかという話をします。

加藤　左門とともに、赤穴の話をお聴きします。

呉　ここからは岩波版の古文の原文に行きましょう。「我は現世《うつせみ》の者にあらず」。つまり、この世の者ではない。陽の世界の者ではない、と。「汚き霊《たま》のかりに形を見えつるなり」と言っています。ここは非常にリアルな描写ですね。あの世から幽霊が来たらいかにもこうなるだろうという感じです。しかも、この幽霊は、善意で来ているわけですね。恨めしいわけではなくて、約束を果たすために来た。

原文にはこうあります。

古《いにしえ》の人のいう。人、一日に千里《ちり》を行くこと、能《あた》わず。魂《たま》よく一日に千里をも往《ゆ》くと。この理《ことわり》を思い出《い》でて、自ら刃《やいば》に伏し、今夜《こよい》、陰風《かぜ》に乗りて、はるばる来たり菊花の約《ちかい》に赴《つ》く。この心を憐れみたまえ。

生身の体ではこんな何百里も離れたところに行くわけにいかないから、霊になって、お前に会いに来たんだと。いやぁ、いいですね。モ～ホの読者は心を打たれて泣くんじゃないかと思います。

このように日本人の死生観も、仏教の影響で変わってきていると思います。

小泉八雲『怪談』

加藤　小泉八雲の著作にも「菊花の約《ちぎり》」（原題は「守られた約束 Of a Promise Kept」）があります。八雲は上田秋成の『雨月物語』から引いたのではなく、伝承物語として耳にした話を英語で綴ったのですが。明治期に来日した青い目のラフカディオ・ハーンには、ここはとても不思議な国に見えたのでしょう。誠に興味深そうに、日本人の習俗、そこに込められた死生観を覗き込んでいます。もともと彼は、魂の問題に強い関心があった。日本に来る前にも、アメリカの黒人社会やカリブのマルティニク諸島などで、人々の生活に息づく霊魂の在り方を取材し、雑誌記事として発表していました。もともと父親はアイルランド、つまりケルト文化の人、そして母親はギリシャ生まれ、つまり神々の世界の人でした。開国後に日本に来たのはキリスト教の布教を目的とした西洋人が多かったなかで、八雲は多神教に親しみを感じていました。日本では英語教師となり、松江で小泉家と親しくなり、一八九六年に帰化しています。熊本の第五高等学校で教鞭をとった後、東京帝国大学で文学を講じます。この頃の講義録も出版されていて、西洋文学を解説しつつ、多様な文化における霊魂のありようを、日本の学生に語っていたことがわかります。

開国後に変化する日本で、急速に失われてゆく古い日本の姿を、読みやすい英語で書き残してくれたことは、現代の私たちにとって、ありがたいことでした。もう当時の日本語は読みづらい。でも、易しい英語なら読めるからです。

小泉八雲＝ラフカディオ・ハーン

『怪談 Kwaidan』が有名です。「Kwaidan クワイダン」というスペルになっているんですね。彼の耳の良さが表れています。

呉　そうですね。「怪談」は正仮名遣いで「くわいだん」ですし、山陰や北陸では今も「くわいだん」と発音する人がいます。

加藤　ここに収められている話は、別にすごく怖いというわけではない。むしろ、約束を違えることの罪深さ、もののあはれが感じられます。例を挙げましょう。「雪女」は、美しい女が冷たい息を吹きかけて老人を凍死させる場面は恐ろしいともいえますが、雪女は若い主人公のほうは殺しません。若くてハンサムだから。

呉　ああ、吹雪の中でね。

加藤　はい、じいさんは簡単に殺しておきながら、若者は殺さないでおく。しかし、このことを「決して人に言うな」と、そして「口外したら、すぐに殺す」と言い残して女は消えます。時が経ち、男は雪という美人と出会い、結婚して幸せに暮らす。子供が十人もできる。子供たちが寝静まった夜、ふと魔がさして、男は吹雪の夜に見た女のことを妻に、話し始めてしまう。妻は「その女のこと、話して。Tell me about her」と先を促す。この促しが、私はいちばん怖いと思うんですけどね。

呉　そうだね、そこは怖いな。雪女が促すところは、全然、知らなかった。

加藤　促されて男は、雪女のことを話してしまう。その瞬間、妻は立ち上がり、お前を殺さねばならない。しかし子供たちのために、お前は殺せない。だから、私が去る、と言い残して、あっという間に消えてしまうのです。異界の存在であっても、約束は守らねばならない。約束を破ると、不幸になる。約束の厳しさは、「菊花の約」も、生死をいとわず約束を固く守ろうとする。

死んでもいいから約束を守る、命よりも契りが大切という感覚に、八雲は興味があったのでしょう。『赤い結婚　Red Bridal』という、隠れ名作があります。

内容をご紹介します。

ある村の幼なじみで仲の良い男の子と女の子が、親同士も親しく、いずれ夫婦になるものと思っていました。ちょうど村が次第に開けてきて、汽車が開通した頃の話です。その女の子の母親が亡くなって、後妻が来ました。その継母は非情な強欲で、義理の娘が器量よしであることを利用して金満家に嫁がせようと画策し、昔なじみの男の子との縁談をつぶしてしまうのです。昔のこととて、誰もそれに反対などできず、男の子も女の子も、そして男の子の家族も黙ったままでした。そして、いよいよ明日は女の子が他家へ嫁ぐという日の夜、二人は黙って姿を消します。新しく開通した汽車に轢かれて心中したのです。

心中はどこの世界にもあることですが、ここでは悲劇ではなく、よかったねという感じで八雲は描いています。全体的に幸福感に満ちている。二人の死は決して不幸ではなく、心の奥の深い結びつきが、生死の境を飛び越えて永遠となっている気がします。そうなると、死は怖くない。

呉　必ずしも悲劇ではないという感じが興味深いですね。

加藤　次に『耳なし芳一』にも触れておきます。盲目の芳一は、魅力ある有能な琵琶法師でした。ところが貧しかったので、阿弥陀寺の和尚が芳一に衣食住を提供するから、たまに琵琶の音を聴かせてくれと、パトロネージュを申し出る。寺の皆が法事に出かけて留守になった夏の夜、ひとり縁側で琵琶の練習をしていた芳一に、平家の亡霊が近づいてきて、芳一を連れ出す。自分たちのために平家を語り、琵琶を奏でよと命じるのです。そこで芳一は、すさまじい演奏をする。

芳一にとって、本来の客は亡霊なんですよ。この世で、音楽として琵琶の音を楽しもうとする和尚よりも、恨みを残して死んだ平家の落人たちの魂が聴いてくれるほうが、芳一は興が乗るんですね。

呉　観客の反応はいいしね。あの時、霊が泣いてるし。

加藤　古来、芸能は死者に贈られる祈り、鎮魂だったのだから。とはいえ、芳一の肉体は霊にとりつかれて消耗していく。危険を感知した和尚は、亡霊から芳一を守るために、全身に経文を書く。しかし、耳に書き忘れ、芳一は亡霊に耳をちぎられる、という話ですね。耳がちぎられて血が流れるところは、少し怖いともいえますが、しかし耳介が失われても耳は聴こえるので、芳一はその後、名が上がり、裕福になりましたとさ、というハッピーエンドになっています。

呉　先の『赤い結婚』でもそうですが、柳田國男がいくつか出しているけど、汽車にまつわる民話がいろいろある。汽車が日本に出現した時の衝撃だね。タヌキが汽車に化けるとかね。汽車に化けたつもりで、線路の上を走っているうちに、本当の汽車が来て、タヌキがはねられたりする。鉄道マニア、鉄ちゃんという連中がいるけど、鉄道は人間に原初的に働きかけてくる何かがある。

加藤　結界ともいわれますものね。

呉　そうそう、結界でもあるしね。鉄ちゃんでもSLに特化している人がいるけど、煙を吐いて走る姿には、感動するものがある。昔、映像作家の

柳田國男

松本俊夫（一九三二〜二〇一七）もそんなことを言ってたっけ。汽車によって別の世界に運ばれるわけだしね。『赤い結婚』に、汽車が出てくるのは面白いですね。

『耳なし芳一』に関してても柳田國男が言及してますが、漁師が獲物を取ってくると、耳を山の神に供える風習があった。柳田の『一つ目小僧その他』という本では、神に仕えるものの目を片方つぶすのは聖別、神に属するために聖別するということ、いろんな民俗学でも神話学でもいわれていることと同じではないかと。

加藤　イニシエーションみたいなものですかね。

呉　そうそう、キリスト教というか、ユダヤ教における割礼も同じなんですよ。それが一つ目小僧の原型ではないかと柳田が言っている。琵琶法師には、そういう側面がある。俺は『平家物語』が好きでね。中学の時に初めて読んで、面白いなあと思った。最初の祇園精舎の一章を暗記して、将来は、琵琶法師にでもなろうかと思ったぐらい（笑）。七、八年前に何度目かで読み返したけど、やっぱり面白かった。『平家物語』が高く評価されるようになったのは戦後になってからだといわれています。昔は、琵琶法師、つまり放浪芸の、下積みの人というか、堅気《かたぎ》ではない人がやる芸です。しかも、盲僧、目くらの僧がやるものですから、嫌がられている職業です。その人たちが伝えた文学ですから、あまり高く評価されてなかった。戦後、石母田正《いしもだただし》（一九一二～八六／歴史学者）の『平家物語』（岩波新書）あたりから評価が確立し、木下順二《きのしたじゅんじ》（一九一四～二〇〇六／劇作家、評論家）の『子午線の祀り』で、みんなが歌う「群読」様式になったりして、さらに高く評価されるようになった。

加藤　有名なエピソードは、講談師が語り継いできたのでしょうか。

呉　そうかもしれないね。一般的に古典は誰かが評価し始めるまでは忘れられていたり低く見られたりしている例がよくあります。『源氏物語』も、本居宣長《もとおりのりなが》（一七三〇～一八〇一／国学者、医師）が評価するまでは、極端にいえばエロ本の一種だからね。当時の判断では、エロ本になるわけですからね。恋愛を描いているわけだから。

柳田國男『先祖の話』

呉　有限である生命の延長として、先祖あるいは子孫とのつながりという意識があり、それが多くの宗教や先祖崇拝の習俗のもとにもなっています。民俗学の祖、柳田國男について話を進めてみましょう。

柳田國男の『先祖の話』は一九四六年、昭和二十一年に出ているけど、執筆が始まったのは戦中の昭和二十年の四月、脱稿は敗戦の年、一九四五年の十月です。単行本になったのはその翌年。柳田が先祖という時は、柳田家のことをいいますが、彼の旧姓は松岡なんですね。松岡國男です。姫路の隣町の出身で、そんなに低い家柄ではないが、さほど金持ちでもなくて。そこに子供が何人も生まれて、みんな、優秀だったんで、あちらこちらに養子に入るんですね。柳田國男の末弟の松岡映丘も、有名な日本画家になった。柳田國男は柳田家に入ります。養子になってすぐのこと、夜中にふと目覚めると、周りに柳田家の祖霊がいっぱいいて、國男に語りかけてくる。お前がわが柳田家を盛り立ててくれよと、感謝と励ましの言葉が、祖霊たちから語られるという話がある。これはどこで読んだか出典は記憶がないんだけど。

加藤　養子になってすぐに柳田家の祖霊に語りかけられるとは。見える人、聴こえる人なんですね。

呉　そうですね。柳田には他にも神秘的な体験をしている話がいろいろある。『先祖の話』の本文を読んでいくと、家の問題は、自分の見るところ、死後の計画と関連し、また、霊魂の観念とも深い交渉を持っていて、国ごとに、それぞれ歴史があると書いてある。同じ家制度、一族といっても、その内容は民族ごとに違っています。日本の家制度と支那人の宗族《そうぞく》の意識も違っています。日本人は養子に行ってそこの家を継ぐと、そこが自分の家になってしまう。支那人の場合は、原則として血のつながり重視です。だから、外から嫁に来た者の姓は結婚後も旧姓のまま。一般的にアジア人はこういう一族意識が非常に強いけれど、同じアジアでも民族ごとに一族の意識は、だいぶ違うということですね。

加藤　日本では血統よりも家名が引き継がれていくのですね。

呉　柳田家の問題は、死後の計画、つまり先祖の慰霊、墓とも関連してくると指摘しています。「小さなひとつの実例」という節では、柳田家の先祖として藤原魚名（七二一〜七八三／奈良時代の公卿）だの、秀郷（八九一〜九五八 or 九九一／平安時代中期の貴族）だのに言及し、さらに少し離れた柳田家は柳田監物《かんもつ》という人を先祖として敬い拝んでいると、先祖の系統の話をしている。この系統の調査の話はそれはそれとして、何行にも

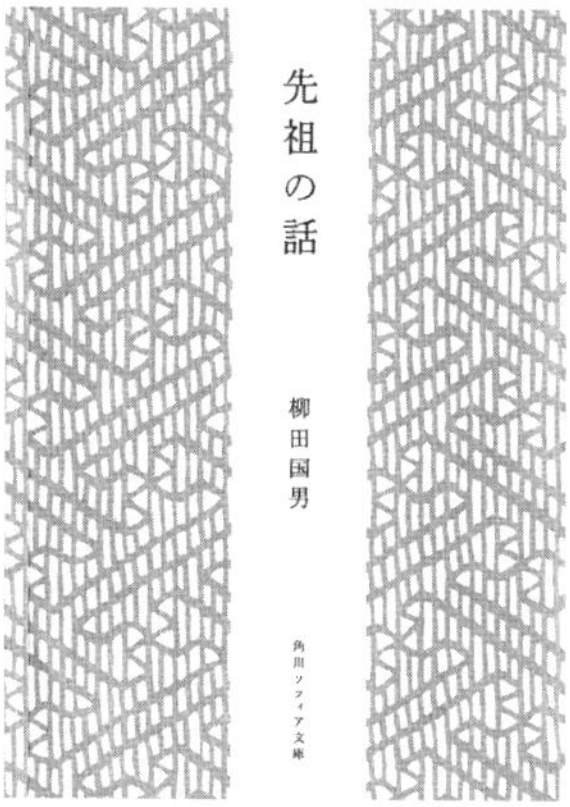

柳田國男『先祖の話』

わたって述べてきたこの柳田家についての話が、自分の血縁のことではないんです。自分の婿入りした家の、つまり嫁さんの系統です。それをしきりに「自分の家」「私の家」と言っている。ここが面白い。日本特有の家制度の成り立ちです。

加藤　嫁の立派な家系を引き継ぎ伝える婿としての、誇りと気概が感じられます。婿殿が軽んじられるのは、ごく最近のことで、二、三世代前の婿殿たちは毅然と堂々としていたように思います。血縁はなくとも。

呉　そう。ところが、支那の宗族では、嫁に来た女は、あくまでも嫁であって一族ではない。だから、姓が変わらない。朝鮮でも、結婚しても基本的に姓が変わらない。支那は社会主義で、男女平等で、それゆえ夫婦別姓かというと、そうではなくて、一族に入れてもらえないということなんですね。周恩来（一八九八～一九七六）の奥さんは、鄧穎超《とうえいちょう》（一九〇四～九二）です。別に妾とか愛人とかではない。正妻なんだけど姓が違っている。嫁入りしても旧姓のまま。柳田のなかでは、先祖と自分が家の祀りを通してつながっているという意識が強い。こうして、生命の有限性が克服されるというか、有限な自分の不安が慰撫されるのが日本の伝統の中にあると、柳田は見ている感じがするな。

加藤　はるかに続いてきた遺伝子の連なりに組み込まれれば、もはや有限ではない。これからも。

呉　先祖の祀り、つまり、法事ですが、それが単に仏教由来ではないということも、柳田はこの本の中で論証しています。先祖を敬うということは、自分が先祖になって敬われるという形で、自己の有限性を克服していくと考える。それが家という制度に関連するということですね。

適菜　小林秀雄（一九〇二～八三／文芸評論家）が、柳田國男が八十三歳のときに書いた『故郷七十年』という本の中にあるエピソードを紹介していました。柳田は十四歳のとき、茨城県の布川にある長兄の家に一人で預けられていた。隣りには旧家があり、そこにはたくさんの蔵書があった。柳田は身体が悪くて学校に行けなかったので、毎日そこで本ばかり読んでいた。その旧家の庭に石で作った小さな祠があった。そこには死んだおばあさんが祀られているという。柳田は祠の中が見たくなった。そして、ある日、思い切って石の扉を開けてしまう。中には、握りこぶしくらいの蝋石が納まっていた。実に美しい珠を見たと思った瞬間、奇妙な感じに襲われ、そこに座り込んでしまい、ふと空を見上げた。よく晴れた春の空で、真っ青な空に数十の星がきらめくのが見えた。昼間に星が見えるはずがないことは知っていた。けれども、その奇妙な昂奮はどうしてもとれない。その時鵯が高空で、ピイッと鳴いた。それを聞いた柳田は我に帰った。そこで柳田は言う。もしも、鵯が鳴かなかったら、自分は発狂していただろうと。

小林はこの話を読んで感動した。そして柳田という人間がわかったと感じた。柳田の感受性が、彼の学問のうちで大きな役割を果たしているのだと。

前から気になってたんですけど。NHKの大河ドラマで、竹中直人（一九五六〜／俳優）が主演だった『豊臣秀吉』の、最初のエピソードも、そういう話なんですよね。子供の時に、神の姿を見てやろうかと思って、祠を開けてしまうという。原作は堺屋太一（一九三五〜二〇一九／元通産官僚、小説家、評論家）です。このパターンは山ほどある。元ネタって、どこなんですかね。

呉　子供がそういうことをやりたがるのはよくあるよ。柳田のその話は柳田の全集の中に二回出てくるんですよ。『故郷七十年』の前に『妖怪談義』でもそのことを書いています。どちらも同じような話だけど、比較して読むと微妙な食い違いもあって面白い。柳田自身、スピリチュアル、神秘主義的な傾向がある。ところが、福沢諭吉（一八三五～一九〇一／思想家、教育者）にも同じような話がある。『福翁自伝』に出てくる。福沢は合理主義者だから、みんなが祠を拝んでるのを見て、何やってんだ、と思ってね。人がいない時に、その祠を開けると、お札《ふだ》だか、ご神体の石が入ってるから、それを取り出して、ほかの石かなんかを入れて、戸を閉めておく。するとまた次の日に村人が集まって拝んでいる。それで、馬鹿めと思ったという体験を、福沢は書いている。福沢は、ものすごく理性的な合理主義者だからそうなるんだね。祠は異界につながっているという習俗的意味を持っている。

適菜　そういう、昔からある、伝承的な話ですね。

呉　伝承というより、子供がこれは何だろうと思って開けると、先祖や祖霊につながっていたという話だよね。

加藤　タブーを犯す時の、慄《おのの》きみたいなのが。

呉　それもあるでしょうね。元ネタ、プロトタイプがあったというより、子供や若者が、酒飲んだ勢いで、やるみたいな話だと思う。

柳田國男『故郷七十年』

適菜　小林秀雄が書いているのは、柳田國男と、その弟子筋の間で、断絶してるのが、そこだというんですよね。その感受性だって。

呉　そういえばそうだ。でも、それは小林秀雄一流の言い方であって、俺は弟子がダメだとは思わない。あれ、柳田特有の何かだよね。弟子たちは学問としての民俗学を学ぶわけだから。

有限性の克服について

加藤　日本では今も昔も、嫁げば突然、姓が変わるのが普通です。嫁入り先の家の人間になって、入る墓もその時に決まるのが、一世代前までは通例でしたよね。

呉　そうそう。だから、柳田が、実家の松岡家ではなくて柳田家を「私の家」というのも、自然に受け取れる。でも俺は、これを読んだ時、奇妙な感じがした。自分が男だからだね。でも昔も例外があった。俺の、ひいばあちゃんというのは、もちろん、会ったこともない、幕末生まれで明治時代の初めの人なんだけど、面白い女だったらしい。俺の曽祖父は明治維新で没落した。もともと大した士族ではなかったけど、御一新でさらに没落した。いわゆる貧乏士族です。仕事はほとんどない。そこに嫁に来たのが、俺の曾祖母なんだ。その人は二回目の結婚なんだよね。一回、どっかに嫁に行ったけど、こいつはダメだというんで、追い出されて出戻り。俺の曽祖父は初婚なんだけど、その出戻り女と結婚します。しかし、うちへ来て、貧乏士族なのが、ずっと不満で、私が死んだ時には、ここの家の墓には入りたくないから、実家の墓に入るといって、実際にそうしたんだよ。

加藤　今風ですね。結構、今は多いんですよね。

呉　今じゃないんだよ。俺は、面白い人だなあと思った。もちろん会ったことはないけど、その曾祖母が大好きなんです。明治時代でも死んだ時には、貧乏くさい嫁ぎ先の墓は嫌だから実家のほうに入りたいという女がいたんだ。平安時代は特殊だけど、江戸時代から、今に至るまで、女のほうが、男の墓に入る。そのために、夫婦別姓だの、旧姓を使わせろだのという問題が今出てくるわけだけどね。

加藤　夫婦別姓問題もこじれていますし。

呉　今は制度的に、旧姓併記だとか、いろんなやり方が出てきた。結局、そうなったとしても、最終的には、男のほうの姓になるのが多数派でしょう。ただし、旧姓併記、あるいは、仕事姓として両姓使うというのが、定着してくるだけだと思いますけどね。

加藤　法事が、有限性の克服手段の一つですかね。七回忌、十三回忌、みたいにつながっていく。

呉　それもねえ、法事なるものは、両姓併用が定着する前に滅んでしまう可能性が濃厚だと思うけどね。葬式でさえ、無宗教葬が増えているでしょう。友人葬とかね。儀式としては、荘重な音楽を流しておいて、参列者が花を一輪ずつ捧げたりする。坊さんは出てこない。お経も当然ない。人口の流動化や生活の都市化により、仏壇や檀家がどんどんなくなっているわけですよね。そうなってくると、自分は後継ぎだから、法事をやらなければいけないとか、そう考える人も減ってくる。

加藤　このコロナ禍で感染して亡くなれば、遺族も参列できずに葬送の形をなさない状態が続けば、心の深いところへの影響は大きいのではないでしょうか。弔《とむら》いがきちんとできないところが、伝染病の怖いところです。

呉　弔い自体はなくならないと思う。しかし、家の制度としての法事のようなものはなくなっていく気がします。名古屋だと、大須の向こう側に仏壇屋街があって、周辺にはキリシタンが処刑されたお寺があったりする。その街はちょっとした奇観でね。

道の両側に、ずっと仏壇屋が並んでいてね。当然ながら経済的にはどんどん厳しくなっているようです。仏壇を買う家がなくなっているんでね。

加藤　すると、有限性の克服は、どういう形で代替されると思われますか。

呉　樹木葬や海への散骨は広がるでしょう。海の雄大さ、樹木が育つ永遠性につなげたりね。そこに近親者は時々訪れて、お参りするみたいな感じで。

加藤　これまでの寺や墓地といった制度として決まったところとは全く違う、ごく個人的な想い出の場所に、お参りする感じですね。ごく小規模になっていく。

呉　集まる人はね。当然、三代、四代すれば忘れられていっちゃうよね。寺が介在しない限り、戒名も付かないしね。

適菜　呉さんご自身は、どうされる予定なんですか。

呉　名古屋市が運営している大きな霊園があるからそこに入るでしょう。墓の利用料が振り込まれなくなると、通告が来る。連絡先がないと、墓をつぶして、次の人が入ることになる。それでもいいし、どこかにポーンと捨ててもらっても構わない。骨箱を電車の網棚に捨てるという事件が、昔よくあったけど、あれは、まずいね。警察が、何年か保管しなければいけないからね。遺失物扱いになるので、迷惑がかかる。それに捨てたほうは、遺体遺棄罪に問われる。臓器提供の献体にしてもいいけど、俺の場合、基礎疾患があるから、臓器が使いものにならないと思う。医大の解剖用にとも思うけど、あれは遺体が余っているらしい。

宮澤賢治『銀河鉄道の夜』

加藤　その検体の話から、宮澤賢治の死生観につなげてみますね。死の意味を美しく語ることは、誰かのために犠牲になるという発想と結びつきます。宮澤賢治は、それを自覚的に物語にしつつ、どこか虚しさを伴う作品を残しています。彼は岩手県花巻で、農林の研究と指導をするかたわら、文芸創作に励みました。気象学、天文学、鉱物学など、科学的な知識に対して貪欲である一方で、浄土真宗と法華経にも深く通じていました。

寒村で村人は苦労していましたが、実は賢治の家は裕福でしたし、いわゆる文化資本も豊かでした。誰かが生きるために、誰かが犠牲になる、それは生命ある者たちのさだめです。賢治は、自分は何かを犠牲にして生きてしまっていること、そのうしろめたさに敏感でした。
この対談をしている現在（二〇二〇年三月二十八日時点）、イタリアでは、男性高齢者が自分の人工呼吸器をはずして、若者に付けてあげてほしいと願い出て、命を落とされたというニュースがありました。その方は大いに賛美されている。そういう限界状況が、いま起きてしまっています。自己犠牲という問題が、賢治の寓話や哲学的な机上の空論ではなく現実になっているという時点で、われわれは、この話をしているわけですね。

呉　ほかの災害でもそうです。トリアージといって、救う段階がＡＢＣ、三段階ある。手当てをしてもダメな人は諦める。戦場でも、どの人に輸血処理をするか判断しなければならない。自分はいいから、あいつを助けてやってくれという場面は当然、戦場で出てくるわけだよね。

加藤　今、もう、現実にそうなっているんですよ。

適菜　本当にいよいよ迫ってこないと、みんな、ピリッとしないいんだなって、よくわかりました。

宮澤賢治

自分が、本当に死ぬ直前まで行かないと他人事ですよね。

呉　いや、本当にね、死ぬのは他人なんですよ。常に、死ぬのは他人なんです。

適菜　日本人の死生観はコロナ騒動で変わりましたか？

呉　何百年単位で見れば、日本人の死生観は、変わっている。仏教伝来の前と後、それから応仁の乱があったり、明治になって対外戦争があったり……。ただ、今回のコロナで、そこまで大きく変わるとは思えないよね。それなら、スペイン風邪のほうが、今の段階のコロナよりたくさん死んでるはずだよね。日本でも何十万人と死んでるはずだからね。

適菜　東日本大震災では、死者と行方不明者で二万人近い。でも、あまり変わってないような気がします。

呉　あれは、ある意味で局地的だからねぇ。ただし、実際に体験した人は死生観が変わったということはあると思う。俺の世代でも昔のことがわかりにくくなってきて、ましてや適菜君はほとんどわからないと思うけど、昔は本当に、人がよく死んだんだよね。寿命がこんなに長くなったのも、最近のことであって。俺の父が八十九歳で、母が九十一歳で死んでいる。俺、自分が三十、四十の時、九十というのはあり得ない目標で、だから九十までは生きてやろうと思ってたね。でも、今は平均寿命が九十に近づくような時代でしょ。

加藤　百歳を超えても驚かなくなりましたね。

呉　俺の父は大正生まれだけど、兄弟が四人か五人いて、中年以後、生き残ったのは父だけなんだよ。まず幼少期に死に、あとは成人を過ぎてから死んだ人が二人いる。多くは結核で死んじゃうんだよ。母のほうは田舎だったから、八人か九人、生まれて、半分くらいは幼くして死んでいる。戦後生まれの俺の世代でさえ、小学校で夏休みが終わって登校すると何人か死んでる。赤痢や日本脳炎でね。あの頃に比べたら、衛生状態も医療体制もよくなってるから、死生観は違ってくるよね。

加藤　宮澤賢治の場合は、生き残ってしまっていることの負い目、あの人が死んだのに自分は生きていることを、呑気に幸せだとは思えない感情を、常に背負って生きていた。

呉　東日本大震災でも、生き残った人たちが、なんで自分が生き残って、あの人が死んだんだろうという気持ちを持ってる人は、かなりいる。

適菜　その一方で、自分が生き延びることだけ考える人も多い。買い占めしたり。

呉　人間、さまざまだね。東日本大震災の時は、日本は民度が高いと海外から褒められた。ほかの国なら略奪が起きただろうって。でも、よく調べると、小規模だけど略奪は行われている。無人になったコンビニの金庫が狙われたりした。だから、災害を利用して儲けようという奴と、自分だけが生き延びてしまったことを自省する二種類の人間がいる。

加藤　賢治に話を戻すと、『銀河鉄道の夜』の面白いところは、カンパネルラがどこで汽車を降りたかという点です。この本はタイタニック号沈没の直後に書かれました。それで、ジョバンニたちの列車にずぶ濡れの外国人たちが乗ってくるのは、タイタニック号の犠牲者たちなんですね。彼らはひとしきり話をした後、みな十字架のある駅で降りてゆきました。カンパネルラは、まだそこでは降りない。しかし窓の外を見ていたカンパネルラが「あっあすこにいるのは、ぼくのお母さんだよ」と叫ぶ。驚いてジョバンニはその方向を見るが、誰もいない。そして車内に振り向くと、もうカンパネルラは消えている。死んだ母親の居たところで、カンパネルラは降りてしまったのです。どの駅で降りるのかが、死後に魂がどこへ向かうのかを示している。タイタニックの乗客たちはたぶんキリスト教徒の、そしてカンパネルラは母の居る場所へ。銀河鉄道とは、死にゆく者たちをしかるべき場所へと送ってゆく列車だったんですね。

呉　ああ、そうだったね。タイタニックは日本でも広く知られて衝撃を受けた人も多いでしょうね。

加藤　それで、ジョバンニは目が覚めて、下の河原に下りていくと、大騒ぎになっている。カンパネルラが川に流されて見えなくなったと。川岸に立っていたカンパネルラの父親は、「もう駄目です。落ちてから四十五分たちましたから」と冷静に言う。これは科学者ゆえの冷静さです。そういう科学の立場から、誰かが誰かの役に立って命を落とすということ、それがどんなふうに理解されればいいのかを、賢治は思考実験していたと思います。冷静で、端的な命の捉え方も、それはそれであり得る見解として仮構しているのです。それが中心テーマになっているのが『グスコーブドリの伝記』です。あらすじを辿っておきます。

宮澤賢治『銀河鉄道の夜』

森のそばで両親と楽しく暮らしていた、グスコーブドリと妹のネリ。しかし冷夏による飢饉のせいで食べ物が乏しくなり、親たちは森深く入っていって死んでしまう。兄妹は残され、やがて妹は人さらいに連れていかれる。兄のブドリは、一人で生きていく。悪者に騙されたりもしながら、やがて火山局の技師の手伝いを始める。ブドリは有能な子で、やがて先輩技師とともに、火山の爆発をコントロールする研究を進めていきます。火山活動を自在に操ることで、自分たちが不幸になった原因である異常気象を防ごうとして、研究に没頭するブドリ。やがてもうすぐ再び冷夏に襲われそうになった時、ブドリは火山人工爆発による気温上昇を提案します。それは名案なのですが、しかし一人、誰かが爆破のために命を落とさなければならない。

呉　そうだよね。最後に、火山の中へ飛び込んで死ぬわけだから。

加藤　ブドリはその役割を、自分にやらせてくれと申し出る。老博士は、いや、自分が行くと言う。年寄りですからね。それに対して、ブドリはこう答えるのです。博士は生き残って、私のような科学者をこれからも養成してほしいのだと。そして「私のやうなものは、これから沢山できます。私よりもっともっと何でもできる人が、私よりもっと美しく、仕事をしたり笑ったりして行くのですから」と。そう言って、ブドリは爆破作業に向かい、戻ってきませんでした。ブドリの言葉は謙遜ではありません。

科学の応用可能性を鑑みて、量産型の科学者として自分を位置づけているのです。あのカンパネルラの父親も、四十五分が経過して浮かび上がってこないのなら、もう生存の可能性は低いと結論づけている、それが口に出てしまって、恐ろしいほどの冷静さとして表れているのです。もちろん賢治は、決してそれを否定しているのではありません。そうなるのもまた当たり前というだけです。死別の哀しみとかの感情と、科学的な態度の峻厳さを併記するところが、賢治の面白さだと思います。どちらも人間なんですよね。

そして『よだかの星』に読み取れるのは、食物連鎖の哀しみですね。死にたいと思っているよだか、そんな自分に食べられて死んでゆく虫がいる。人間は、科学力によって食物連鎖から外れてしまっている。その負い目、不自然さ。だからこそ、せめて何かの役に立って死にたい。ひどく貧しい村の中の裕福な家で育ってきた後ろめたさを、賢治は深く見つめて、独特の死生観がその表現に結実していると思います。

捨身《しゃしん》

呉　『よだかの星』に通じるものとして『ビジテリアン大祭』がある。あれを読むと、ベジタリアンのなかにもランク分けがあるのが面白い。牛乳も卵も取らないという、今でいうビーガンだね、他に卵くらいはいいだろうという人もいる。獣肉はダメだけど魚ならいいとかね。

加藤　『銀河鉄道の夜』では、病気のお母さんに牛乳が届いてなくて、ジョバンニが取りに行きます。牛乳屋に行くと、誰もいない。それで丘に登って寝てしまい、あの銀河鉄道の夢を見て、そして目が覚めて、再び牛乳屋に行く。すると牛乳屋は、こう言うのです。「今日はひるすぎうっかりしてこうしの柵をあけて置いたもんですから大将早速親牛のところへ行って半分ばかり呑んでしまいましてね……」その人はわらいました。「そうですか。ではいただいて行きます」。ここの会話は、地味ながら、とても大事なところだと私は思っているのですけどね。牛乳は子牛のものですよね。人間はそれを横取りしているんですよね。ほんとは子牛が先に飲むべきなのです。

呉　原理的に考えれば、そうなるわけだからね。

加藤　それで、子牛には肉骨粉を飲ませたりして、病気にさせてしまう。賢治は、そういう矛盾を忘れている人間の思い上がりを、地味に告発しています。声高に言うのでなく。

呉　ここには日蓮宗の問題が絡んでいるんじゃないか。ユダヤ＝キリスト教は本来平気で肉を食う。供物として、神の前に羊を捧げるような宗教です。もともと、羊をたくさん飼う民族だからね。イスラムはアルコールを禁止するけど、キリスト教はＯＫですね。宮澤賢治の場合、仏教でも、日蓮宗特有の狂信的なところが表れていますね。

『宮澤賢治殺人事件』

前にも触れた捨身《しゃしん》の話は、仏教の伝説集、ジャータカ集によく出てくる。修行僧の食い物がなくなると、獣は山から木の実を取ってきてあげたりするが、ウサギは何も僧に与えることができないので、火を焚いて、その中に飛び込む。これが手塚治虫の釈迦（『ブッダ』）の最初のシーンなんだよね。これは釈迦本来の思想ではない。仏教を生み出した文化の中の伝説なんだよね。

加藤　それは因幡の白兎、じゃなくて、月の兎の話ですね。

呉　因幡の白兎はむしろトリックスターでしょうね。ただし、ここではいたずらが失敗します。捨身には人間、つまり前世の釈迦が飢えた虎に自分の体を与えるという「捨身飼虎」という話もある。キリスト教の場合は違う形で、自己犠牲の問題が出てくるけど、宗教には、必ず、この自己犠牲あるいは殉教が出てくる。

加藤　賢治は、人間至上主義ではなかったと。

呉　宮澤賢治は、最終的に、右翼の国柱会（元日蓮宗僧侶の田中智学［一八六一〜一九三九］によって創設された法華宗系在家仏教団体）につながっていきますよね。そこも宮澤賢治の狂信性の問題とつながっている。水俣病のノンフィクション『下下《げげ》戦記』を書いた吉田司（一九四五〜／ノンフィクション作家）が、宮澤賢治と国柱会のつながりについて『宮澤賢治殺人事件』に書いてましたが。

第五章
霊魂のつらなり

折口信夫『死者の書』

加藤　さて、死後の魂について深く考え、表現していた人物として、もう一度、折口信夫に戻ってみましょう。折口は柳田國男のひと回り下ですね。研究者にして、詩人です。『死者の書』（初出、一九三九年）は小説ですし、彼が関心を持っていた魂の問題については、アカデミズムで論文として発表するのでは何か違ってしまう、文学という形でしか伝えられないと感じていたと思います。折口は、エジプトの『死者の書』に興味を持ち、一部、翻訳もしていました。一九二二年にツタンカーメンの墓が発見されて世界的なニュースとなり、あの黄金の姿が広く知られていたのです。折口の『死者の書』は、奈良の寺に伝わる曼荼羅の話で、エジプトとは直接の関係はありません。しかし、根底に流れるテーマ、つまり死者の魂をどうするか、ツタンカーメンも曼荼羅も、なぜこんなに過剰なまでに美しく存在しているのか、そこに何か共通するものを見ていたような気がするんですよね。

呉　エジプトのツタンカーメンはその頃に発見されたんですか。十年ほど前にも日本で巡回展がありましたが、半世紀近く前の一九六五年にも上野の博物館で最初の展覧会があってね。俺が大学に入ったばかりの時で、会場は長蛇の列だった。

加藤　折口の『死者の書』を、川本喜八郎（一九二五～二〇一〇／人形作家、アニメーション作家）が人形映画にしていて、私はそのDVDが大好きで何度も見ています。川本は、折口の『死者の書』は人形の世界として表現するのが最もふさわしいと言っていて、そのとおりだと感じます。どんなに美しい女優が演じても、人形の純粋な眼差しにはかなわない。宮沢りえ（一九七三～／女優）の声が透明で美しく、予言をする老婆に黒柳徹子（一九三三～／テレビ司会者、俳優）が濁声を当てていて面白いのです。

物語の主人公は、奈良時代、藤原南家《なんけ》（藤原不比等［六五九～七二〇］の長男である藤原武智麻呂［六八〇～七三七］に始まる藤原家の一流）の郎女《いらつめ》です。現代も奈良の當麻《たいま》寺に伝わる、国宝の曼荼羅を制作した中将姫がモデルです。その曼荼羅は、なぜ作られたのかという物語です。この郎女は賢い人で、当時、女としては珍しく、お経千巻を写経しました。写経を終えた彼岸の日、郎女は二上山の空に、男の幻影を見ます。仏の姿ですが、哀しそうに寒そうに郎女を見つめているように見えた。それは、天武天皇（？～六八六）の子で謀反の罪で殺された大津皇子《おおつのみこ》（六六三～六八六）でした。

無罪で処刑されてしまう恨みを持っていた大津皇子ですが、いざ処刑される直前に、偶然、ある女を見てしまう。見た、と思う瞬間に殺される。だから、最後の瞬間に見た女に、意識が囚われて念が残ってしまうのです。そして、哀しい目をした幻影として立ち現れることになるのです。

この死に際の念の話は、小泉八雲にもありますよね。

呉　『怪談』の中に入っている「はかりごと」だね。俺が大好きな一篇です。原題はDiplomacy（かけひき）だったと思う。処刑直前の男が呪ってやるというから、周りにいる家来たちは怯えている。でも主人である侍は平然としている。そして挑撥するように、お前にそんな呪う力があるのかと言うと、男は「私の首を切り落としたら、その踏み石に嚙みついてみせる」と言う。侍はそれでも平然として首を切り落とすと、男の首がコロコロと転がり、石に嚙みついた。周りにいた人は、みんな、真っ青になる。しかし、切り落とした侍は平気なんだよ。この男は死の一念を石に嚙みつくことに費した。だから、その男の念は、もう消えてしまっているというオチなんだよね。事実、その後、祟りは何もなかった。

加藤　そうですね。一念だから、恨みのほうは消えてしまうのですね。

呉　俺がこの話が好きなのは、相対的な論理で男の遺念《いねん》に勝つところです。遺念なるものがあるかないかという絶対的な論理には踏み込んでいない。むしろ、遺念はあるかもしれないと考えている。その上で、この男に勝つ。ここが面白いね。江戸時代末の『世事百談』にも「一念」として出てます。ハーンはこれから採ったんでしょうね。『今昔物語』と『宇治拾遺物語』に出てくるお寺の話と同じです。愛宕護山聖人《あたごやましょうにん》の話です。八雲は「常識」Comonsenceというタイトルにしている。むしろ「分別」という訳語にしたほうがよかったかもしれないけど。当時の人たちの論理の面白さがある。

山寺の真面目な和尚さんが、普賢菩薩が毎夜現れるという話をする。いつも寺に来る猟師に対して、普賢菩薩が現れるから、お前も見てみろと言う。「はあ、そんなありがたいものなら私も拝みます」と言って夜待ってると、普賢菩薩が現れる。猟師が立ち上がって弓で普賢菩薩を射つんだよ。そうすると大きな音がして普賢菩薩が消えてしまう。

和尚さんは「お前はなんて罰当たりなことをするんだ」と言うと、すると猟師は答えた。「和尚さま。あなたはたしかに徳を積んだ僧であるから普賢菩薩が現れるかもわからないけど、私は獣を殺めている卑しい猟師です。だから現れるとすればそれは偽物の魔物である。だから私は平然とあれを射ったのだ」と。消えた跡を辿ってみると血が点々とついていて、その先に大きなタヌキの死骸が転がっていた。

これが『今昔物語』と『宇治拾遺物語』に出ているけど、『今昔物語』のほうはタヌキではなくてイノシシみたいなものらしい。当時はタヌキ以外にも野生のものは化けるという考えがあったようです。

さっきの「はかりごと」と同じで、普賢菩薩がいるかいないか、タヌキが人を化かすか否かは、問題ではない。そういうことがあるかもわからないし、ないかもわからない。むしろ昔の人はあると思っている人が多かった。でも、それを避ける方法としての論理があるというところが面白い。

加藤　健全なコモンセンスというか。

呉　そうそう、まさしく「コモンセンス」、常識であり分別であり思慮です。さらに面白いのは、差別と被差別、イデオロギー内の知性とその枠外の知性、という問題を意図せずして論じているところです。話の終わりの部分で猟師がこんなふうに言います（角川文庫、田代三千稔訳『怪談・奇談』）。「わたしは無学な猟師で、殺生が家業です。ところで、ものの命をとることは、仏さまの忌まれるところです。それで、どうして、わたしなどが普賢菩薩が拝めましょう」「暮しのために生き物を殺しているような者に、どうして仏さまを拝む力がございましょう。ところが、わたしもこの小僧さんも、あなたさま（和尚さん）が拝まれた物を、すっかり見ることができたのでございます」。そうであれば「普賢菩薩ではなく」「化け物に相違ございません」。素晴らしい論理展開でしょ。この猟師は、猟師としての力量、猟師としての知識には、非常に強い自信がある。そして、そのことは「生き物を殺す」ことだから「仏さまの忌まれるところ」であり「仏さまを拝む力」はないと、はっきり自覚している、そしてそれで一向に平気。宗教から排除されても全く動じない。排除される存在だからこそ悪ダヌキに瞞されなかったぞと、誇らしげに、ただし居丈高《いたけだか》にではなく礼儀正しく和尚さんに話している。論理、人格とも素晴らしい。『今昔物語』でも地の文で次のように書かれています（片仮名を平仮名に改め、漢字も読みやすくした）。「しかれば、聖人《しょうにん》（和尚）なりといえども、智恵《ちえ》なき者はかく謀《たばか》らるるなり。役《やく》と（もっぱら）罪を作る猟師なりといえども、

ラフカディオ・ハーン『怪談・奇談』

思慮《おもんぱかり》あれば、かく野猪をも射《い》あらわすなり」。仏教の戒を犯す罪深い者だけど、その枠を超えた思慮があるからこそ、魔物に瞞されなかった、というんですね。

加藤　『死者の書』に戻りましょう。大津皇子も死に際の強い念が、女へと向かってしまう。郎女は、皇子の見た女の遠縁の子孫なので、面差しが似ていたのですね。二上山を仰ぎ見ている郎女を、幻影の皇子が哀しく見つめ返してくる。郎女は、お可哀想にと感じ、不思議な衝動に動かされて布を作り始めます。蓮の葉の繊維を糸に紡ぎ、機で織る。真っ白な布ができ、色をのせたくなり、一気に曼荼羅を描く。死霊のために何かしたいという気持ちを抑えられず、祈るようにして何かを作り描く。この世に念を残してしまい、祟り神になってしまいそうな死霊を、生者はいかにして慰めることができるのか。それは一心に何か美しいものを作り、捧げることではないのか。ツタンカーメンの異様な輝きもまた、そのようなものではなかったか。死者に想いを届ける美しさ、美は苦しむ死霊への供物になる。他界からは眼差しを投げかけることしかできないけれども、生者はこの世で動き、祈ることができる。そのようにして死者と生者は通じ合うことができる。『死者の書』は、そんなことを感じさせる作品です。

　ところで、この郎女は皇子の姿が見えると、手を合わせて「なむあみだほとけ」と呟くのですが、すると皇子の幻影はそれを嫌うようにして顔をそむけるのです。仏教の勉強をした彼女は良かれと思って唱えるのですが、そうすると皇子は消えてゆく。結果的に、この呪文は異界の霊魂との深い交わりを封じて、女を守ることになっているわけですが、古い日本の土着の霊魂が仏教になじまない、全く異質の在り方をしていただろうという折口の見解が表れているところだと思います。他界観念が仏教によって変節してしまったと。生者と死霊が眼差しを交わし合い、何かを感じ合う。そして布が織られて曼荼羅ができる。他界とこの世が、そんなふうに結ばれていると。

呉　前にも言いましたが、仏教的死生観と日本の土着的死生観はだいぶ違う。それがこういうところに出てきます。その仏教的死生観というのは、日本においては大乗仏教ですから、本来の仏教《プロト・ブッディズム》にはなかった阿弥陀信仰も入っているし。阿弥陀信仰はそれはそれで研究対象としては興味深いけどね。

加藤　そうですね。ここでは、その日本化された仏教が下地になっているんでしょう。

呉　近藤ようこ（一九五七～／マンガ家）が、数年前に『死者の書』をマンガにしたけど、あまり成功してない。当人はものすごく意気込んでいたけどね。今は澁澤龍彥（一九二八～八七／小説家、評論家）の『高丘親王航海記』をやっているけど、こちらのほうがドラマとして非常に面白くできている。彼女は折口を尊敬していて、國學院に行ったのもこれがある。大学で専攻したのも折口で、いつか『死者の書』のマンガ化をやりたいと前から言っていた。逆に肩に力が入りすぎたのかな。あとは二上山の問題が大きい。前にも言いましたが、文字通り山が二つになっていて、春分・秋分には、真ん中から日が落ちる。奈良盆地の人たちにとっては、そういう象徴というか、土地特有の何かがある。江戸期の新興宗教天理教の出現にもこれが影響していると俺は見てます。

加藤　地方に行くと、そういう形に見える山を、「ふたかみやま」と呼んだりもしています。

呉　そうですね。二上山もそう呼ぶことがあるようです。折口の鋭敏な感性で、そこを日本的な死生観の中心として捉えたんだな。

加藤　だから、念仏を唱えると、皇子はちょっと嫌そうにする。

呉　柳田國男も、仏教に対してやや距離を置いている感じがある。日本土着のものを考えると、本居宣長たちの国学とも絡んでくる。仏教的な倫理に対し、常に疑問を持ってきたのが、江戸時代に入った、契沖《けいちゅう》（一六四〇〜一七〇一／古典学者）や賀茂真淵《かものまぶち》（一六九七〜一七六九／国学者）、本居宣長だからね。さらに、その脇では、荻生徂徠《おぎゅうそらい》（一六六六〜一七二八／儒学者、文献学者）が儒教的な世界観や倫理観とは違う古学ということを言いだした。だから、江戸期の死生観や倫理観を発掘するというのが、民俗学につながってくるわけだね。

熊谷直実と平敦盛

適菜　折口信夫は、どういう経緯で、日本土着のもののほうに行ったんですかね。折口の背後というか。

呉　折口は、和歌の創作や研究から入ったんじゃなかったかな。俺、あまり折口は、好きじゃない。なんで、嫌いかといわれても、困るけど、なんか、好きじゃない。

加藤　あの人は、性同一性障害ですね。

呉　モ〜ホですよ。だから、死んだ息子（養子）は恋人だったといわれている。俺が好きなモ〜ホは、そういう感じじゃない。『平家物語』のモ〜ホが好き。熊谷直実《くまがいなおざね》（一一四一〜一二〇八／武蔵国熊谷郷を本拠地とした武将）と平敦盛《たいらのあつもり》（一一六九〜八四／平清盛［一一一八〜八一／武将、太政大臣〕の弟・経盛《つねもり》〔一一二四〜八五〕の末子）のね。あれは、決戦の形になってるけど、俺はあれは、二人の一種の恋愛だと見ているんですよ。平家が追われて負け戦になった時に、浜辺のところで、侍が、馬に乗って逃げていく。それを見た熊谷直実が「敵に後ろを見せるとは武士ではない」と言うと、振り返って斬り合いになる。刀では決着がつかないんで、組み打ちになり、直実がそのまま馬から突き落として、敦盛の兜を取って首を切ろうとすると、田舎に残してきた息子と同じくらいの、数え年十六歳か十七歳の少年なんだよね。

それで、直実が自分はお前の首を切れないと言うと、敦盛が、武士たるものは戦いに負けたら、首を切られるのが当たり前だ。首を切れと言うので、切った。それで、熊谷直実は、世の無常を悟り、侍から足を洗って、黒谷の法然上人（一一三三〜一二一二／浄土宗の開祖）の元へ出家する。もう、人殺しをやめたいと。

加藤　一の谷の合戦ですね。

呉　後の人は、その二人の悲劇の出会いを哀れんで、美しい野草にアツモリソウとクマガイソウという二つの花の名前を付けた。当時の武士は母衣《ほろ》を身にまとっている。鎧《よろい》の上に付ける丈夫な布で、雨風や矢を防ぐコートのようなものです。アツモリソウもクマガイソウも、母衣をまとっているように見えるので、そう名付けた。二人の出会いは、直実が呼びかけて敦盛と組み打ちになって首を切った、わずか十分ほどの間に、エロスとタナトスが凝縮されていると見えるね。直実にとっては自分の息子兼恋人みたいなね。折口信夫が自分の恋人と一緒にいるというのは、軟弱でイヤなんだよ。

加藤　なるほど、戦いとしての、一瞬の愛の交流。

呉　そうそう、そこがいい。実にね。

加藤　でもエロスとタナトスは、折口にもありますよ。息子は戦死するし。

呉　あるけれども、熊谷直実と敦盛は全然、女っぽくないでしょ。両方とも戦ってるだけだから。そこがいい。折口は、少し女っぽいところがある。だから、折口のほうがネコだったんじゃないかという説もあるよね。話を『死者の書』に戻すと、俺は天理教に興味を持ってて、奈良盆地にも何度か取材に行ってる。あそこは何か日本の原郷って感じだね。ただし、奈良だけが日本の原郷かどうかはわからないけど。

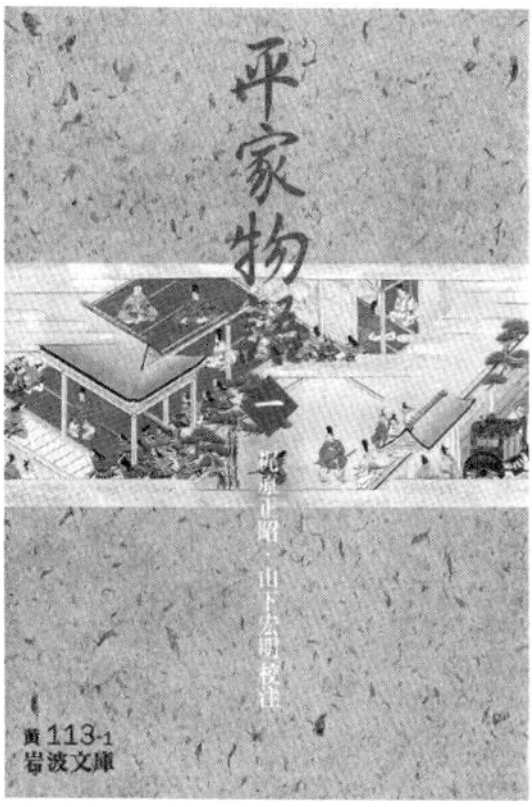

『平家物語』

加藤　二上山が神秘的というのは、もともとは太陽神ってことですかね。

呉　太陽神とはちょっと違うかもしれない。死んで、もう一回、巡り来るわけだからね。冬至は死です。同時に冬至の翌日から再生が始まるのだから、柳田の研究でいえば、祖霊は山に帰って、節句ごとに戻ってくる。冬至の時には、神秘的なことが起きるのは、祖霊が戻ってくるからなんだよね。これは前にも話しましたね。

適菜　ミトラ教も冬至祭りですよね。

呉　キリスト教も同じです。イエスの生まれたのが二十五日というのは冬至祭りだよね。ヨーロッパの土俗的な、伝統的な宗教の上に、キリスト教がかぶさってきているから、シンクレティズム（混合、習合）しちゃう。

加藤　北欧もそうですもんね。

深沢七郎『楢山節考』

呉　深沢七郎の代表作『楢山節考』には死の問題が出ている。これをもう一度考えてみましょうか。二度も映画になっていて、原作も今なおけっこう読まれてますし。おりんばあさんが、自分が、もうじき姥捨てになるのを、心待ちにしているという話です。年を取ったら無駄めし食うだけだし生きていてもしょうがないので、そうなる。息子は忍びないものがあるけど、村の伝統だからばあちゃんを背負子に背負って、山の中に捨てる。おばあちゃんは雪の降る中で死ぬ。三島由紀夫（一九二五〜七〇／小説家、評論家）は深沢のこの小説を絶賛した。『小説とは何か』という新潮社のPR誌の『波』に三島が連載し、連載したエッセイをまとめた本があります。三島が自決する一九七〇年の直前まで連載し、没後の一九七二年に書籍化された。俺は、これをパチンコ屋で取ったの（笑）。今の若い人にはわからないだろうけど、昔はパチンコ屋に景品用の本が結構置いてあった。神田の「人生劇場」というパチンコ屋には、学生街だから本が置いてあって、フロイトの著作集と三島由紀夫のこの本はパチンコで取った。つぎ込んだカネを考えれば、普通に書店で買ったほうが安かったけどね（笑）。

深沢七郎『楢山節考』

俺は、三島の小説は人工的な感じがしてあまり好きではない。逆に、そこが魅力ではあるんだけど。でも、評論ではすごく鋭いことを言っている。『小説とは何か』は文学論だけど、マンガの話もある。三島はマンガについても既に当時から目を向けていた。『楢山節考』は、三島が中央公論新人賞の審査員の時に読んだ。そして「不快な感動を覚えた」と言ってる。そしてこれと同種の感動を覚えたと三島が言うのは、アーサー・C・クラーク（一九一七〜二〇〇八／SF作家）のSF作品『幼年期の終り』なんだよね。三島はマンガだけでなくSFもかなり読んでいます。『幼年期の終り』では近代的価値観のベースになっているキリスト教的なものが覆される。宇宙船から変なのが降りてくる。『楢山節考』も近代的ヒューマニズムとは全然違う価値観、生き方を描いていて、三島が褒めるのは、もっともなんだ。でも、深沢七郎に三島はやられちゃったのではないかとも思う。やられたというのはモ〜ホ的な意味ではないよ（笑）。精神的に引っかかったんじゃないか、騙されちゃったんじゃないかな、という気がする。

というのは、深沢七郎はいろいろ演技でやってるんじゃないかという感じがするからね。いくつか話が伝わっているが、一つは風流夢譚事件（一九六一年に起こった右翼による言論抑圧を目的としたテロ事件。嶋中事件ともいう）で右翼に深沢は狙われていた時の話。『風流夢譚』というのは、クーデターが起きて、天皇が首を切り落とされるという小説だったから、中央公論社に右翼が来て、お手伝いさんが殺されたりした。だから、深沢はあちこちの文学者の家にかくまわれていた。

加藤　なんと！　全く知りませんでした。

呉　若い人は知らないだろうね。でもあの頃は大変な騒ぎでした。正宗白鳥《まさむねはくちょう》（一八七九〜一九六二／小説家、文学評論家）の家にかくまわれていた時に、深沢七郎はこう言ったという。正宗先生、僕は山梨の田舎の生まれで、『笛吹川』という小説も書いている。山梨の自然を背景にした小説を書いているんで、「僕は自然主義文学者ですか？」と。それで、正宗白鳥が怒ったという話が伝わってる。バカもの、お前のどこが自然主義だというわけだ。自然主義って自然を描いた文学じゃないことぐらい、文学史の常識です。フランスではリアリズム文学の意味、日本では人生や生活をリアルに描く文学という意味。それを深沢はこんな言い方をした。でもこれは深沢が演技でやっていると思う。深沢は、どういうわけか、知識人や知識人的な思考をものすごく嫌ってる。プレスリー（一九三五〜七七／ミュージシャン、映画俳優）が好きで、ベートーベン（一七七〇〜一八二七／作曲家）が嫌い。でも、彼はギターがうまく、クラシックも弾けた。しかし、それを嫌ってみせた。だから、正宗白鳥に対しても、一種の挑撥・演技としてそういうことを言ったのではないかと思う。

それに気づいたのが、民俗学者の谷川健一《たにがわけんいち》（一九二一～二〇一三）です。彼の弟は谷《たに》川雁《がわがん》（一九二三～九五）という詩人であり、社会主義運動家です。谷川健一は民俗学者で、深沢七郎の七歳年下です。谷川健一は平凡社の『太陽』の編集長をやっていたので、深沢七郎の自宅に取材に行った。ほかの編集者二、三人と一緒にね。すると、深沢の部屋のテーブルの上に、一万円札が、五、六枚、バラバラと置いてあった。それで、谷川健一はこれは演技だなと思う。普通、これから客が来るという時に、テーブルの上に一万円札をバラまいてはおかない。俺はお金のことなど気にしない人間だという演出だと気づく。これは谷川健一の言うことが当たっていると俺は思う。

加藤　なかなか複雑で危うい人物だったんですね、深沢七郎って。

呉　『楢山節考』も衝撃的であり感動的であり、作品としてはよくできているけれど、どこか近代的良識への挑撥めいたものが感じられる。人間の命は大事、老人は大事にしなければいけない、福祉がどうのこうのという風潮に反発しているところがある。そもそも姥捨て伝説もそういう事実が本当にあったのかわからないし。現在、民俗学者などは、姥捨てより、間引《まび》きのほうが圧倒的に多かったと考えています。高山彦九《たかやまひこく》郎《ろう》（一七四七～九三／江戸時代後期の尊皇思想家）のことを書いた歴史小説があります。吉《よし》村《むら》昭《あきら》（一九二七～二〇〇六／小説家）が二十年以上前に新聞に連載した『彦九郎山河』です。資料を博捜した力作です。その中に、彦九郎が全国各地を回っている時に、飢饉直後の東北の惨状に出会うシーンがある。飢饉の後の東北を、漫遊というか、彼は寛政の三奇人（奇人は優れた人の意）の一人だから、現状を憂うる視点で、あちらこちらの大名に勤王の教えを説くために回るわけだね。そこで見聞きした飢饉の惨状は想像を絶するものです。食べる物がないと犬は最初に死んでしまう。それで犬が庭に埋めてあると、近所の人が来て、埋めてある犬をくれないかと乞う。掘り出して食うんです。

吉村昭『彦九郎山河』

さらには家族の誰かが死ぬと、それを待っていたようにして食ってしまう。おじいちゃんおばあちゃんが死ぬのを待つわけです。そういう話がたくさんある。だから飢饉になった時に、老人が捨てられるということはあり得ると思う。でも、ここに書かれているような形での棄老伝説、年を取ると役に立たなくなるので山に捨てるという事実があったかどうかは、学者はわからないと言っている。伝説の多くは、老人を捨てにいったけど、老人は知恵があるので戻ってくるとか、助けられるという話になっている。いわば、親孝行話の前段階だね。そう考えると、深沢の『楢山節考』も、知識人の鼻を明かしてやるぜという演技にも見える。

適菜　『楢山節考』って、映画監督は誰でしたっけ。

加藤　映画化は二回（一九五八年と八三年）、最初の監督は木下恵介《きのしたけいすけ》（一九一二～九八）で、次が今村昌平《いまむらしょうへい》（一九二六～二〇〇六）です。後者は、けれん味があるというか、姥捨ての時に息子が哀れむような、気の毒そうな眼差しをするのですが、木下版のほうは、山に捨てられることを本人も望んでいるし、世の中にとっても良いことに決まっているという割り切りがすごい。ストーリーは同じですが。おりんばあさん役は、木下版が田中絹代（一九〇九～七七／女優）で、今村版は坂本スミ子（一九三六～二〇二一／歌手、女優）。

呉　あの映画のために、坂本スミ子は歯医者で歯を抜いたというね。

加藤　役作りで歯を削ったと。前歯を欠こうとする老婆おりん、そのままですね。姥捨てというのは、山で死んだほうが穏やかに死ねるというか、死ぬ時に周りに迷惑をかけたくないという意味では、お山に行って死にたいと思う気持ちもわからなくはない。息子が、雪が降って運がいいと言うのは、凍死するほうが餓死よりも苦しくないからですね。

呉　今村昌平にも近代的な知識人の考え方をひっくり返してやろうという気持ちがあった。初期の『豚と軍艦』にしろね。今村の息子の天願大介（一九五九〜／脚本家、映画監督）も、そういう感じはあるね。身障者プロレスの話とか作ってるよね。たしかにあまり知られていない世界を描いていて、面白いんだけど。

加藤　最近の北欧を舞台にした映画『ミッドサマー』（アリ・アスター監督、二〇一九年）を、ご覧になりましたか？　あれも夏至の日に、高い崖の上から年寄りが自ら身を投げる場面が出てきます。見守る村人たちは、その死を喜ぶ。それで魂が次の世代につながると信じられている。しかし、それをフィールドワークとして見学していたアメリカの学生たちは、騒ぎだします。あれで幸せなのだという村人たちの説明が、倫理的に許せないし、理解できないのです。この映画では、その対比が描かれています。

呉　そういう話なんだ。

加藤　映画の夏至のお祭りは盆踊りそっくりで、そこで死者と生者がつながっていくんですよ。死と再生。やはり多神教の北欧には、似通った死生観が感じられますね。
呉　やっぱり、こう、命のサイクルと、季節のサイクルみたいなものでね。

コロナ禍に

加藤　最後に、カミュを補っておきましょう。今、急に売れているという『ペスト』の話を。
　二〇二〇年、突然、死が迫りくる状況になりました。ひょっとしたら二週間後に死ぬかもしれないという不安が、世界中を覆いました。そんな時に、人間性が剥き出しになります。カミュの『ペスト』の中にも出てきますよね。ちゃんと、とことん考え抜いて状況と戦おうとする人間と、もうとにかく目をつむり、怖くて、何も考えまいと、思考停止状態に陥る人間たち。たぶん、そちらのほうが多いんですけど。それが、現実ですね。
呉　最初にカミュの話をした時に、『異邦人』のほうが衝撃的だから、あれのほうが代表作になってるけど、実はカミュは、むしろ『ペスト』のほうで評価されるべきではないか、みたいなことを言ったと思うんですけどね。

不条理な状況という意味では、『ペスト』は一種の戒厳令下というか、閉鎖状況になっている。封鎖されている人たちが不条理な状況下にいる。『異邦人』のムルソーが不条理な行動をするというのは、主体のほうの問題であって。『ペスト』は環境全体の不条理。環境全体が、人間にのしかかってくる不条理みたいのは、むしろ『ペスト』のほうだ。

加藤　そうですよね。

呉　だから、『ペスト』のほうが、むしろカミュの本質じゃないかね。つまり、シーシュポス的な行動をする人間は、『ペスト』の中で病魔と闘う医者たちのほうだからね。

加藤　で、その『ペスト』の中で、諦めずに目を開いて考え続けた人たちというのは、言葉を紡ぐ人たちなんですよ。新聞記者とか、宗教者のなかでも説法する人とか。だから、思考停止せず、目を開いて世界を見つめ続ける側にいようとするならば、この本を読んでみてください。

呉　死と言葉ということでは、遺書があります。遺書も、残した借金をどうするかといった実務的なものもあるし、単に世を恨んだだけといったものも多い。しかし感動的、衝撃的なものもあります。二十年ほど前「別冊宝島」の『自殺したい人々』に寄稿した「虚無に向き合う言葉」という一文でいくつか紹介しました。俺の単行本『犬儒派だもの』にも収録してありますが、後日談もあるので、この話をしましょうか。

加藤　お願いします。

呉　「別冊宝島」の企画は、その頃『完全自殺マニュアル』（一九九三、鶴見済著）なんておかしな本が話題になっていたので、それを批判というか、逆に便乗するというか、そんな意図で作られたものです。俺はそこで明治期から現在までの何人かの自殺者の遺書を論じたんだけど、なかにほとんど知られていないものが二つあった。一つは無名の農婦、木村センの遺書、もう一つはマルクス主義経済学者、岡崎次郎（一九〇四～八四?）の遺書。これをもっと多くの読者に知ってほしかったんだよ。その俺の気持ちは結果的にはかなえられたんだけど。

加藤　複雑な事情があるみたいですね。

呉　そこで紹介した二例をルポライターの朝倉喬司《あさくらきょうじ》（一九四三～二〇一〇）がさらに深く取材して『老人の美しい死について』という一冊にまとめたんです。俺が書いたものより、もっと詳しくなってる。ルポライターだから取材は得意なんだね。朝倉は俺より三つ四つ年長で、学生時代から知り合いだった。当時はアナーキズム系の活動家で、後に犯罪事件のルポや「河内音頭」の研究などを手がけるようになる。なぜか俺の仕事を評価してくれていて、本もよく読んでいてくれた。それで「虚無に向き合う言葉」も読んで、その中の二人にも強い関心を持ったらしい。それが『老人の美しい死について』です。しかし、これが出た年の秋、朝倉はアパートの一室で孤独死してる。何年か前に家族と別居して一人暮らしだったと聞いてます。息子さんが頻繁に様子を見にきていたので、それで発見されたらしい。晩年は体調も悪かったようで、自分の死を予感していたのかもしれないね。

朝倉喬司『老人の美しい死について』

加藤　その無名の農婦とマルクス主義経済学者、ますます興味が湧いてきました。

呉　まず木村センです。これは俺の学生時代に詩人の松永《まつなが》伍一《ごいち》（一九三〇〜二〇〇八）の『荘厳なる詩祭』に取り上げられていて知った。松永その人も優れた人物で『日本農民詩史』で毎日出版文化賞特別賞を受賞しています。この『荘厳なる詩祭』は、明治から昭和までの二十代で死んだ十数人の若き詩人たちを論じている。病死あり自殺あり獄死あり。獄死のなかには拷問死もある。そして最終章だけ、六十代で自殺した無名の農婦を取り上げています。

加藤 対比が見事な感じですね。

呉 この農婦、木村センは、明治中頃に群馬の山村に生まれ、同地の農家に嫁ぎます。生涯働きづめ、もちろん教育だの学問だのには無縁。老いの兆しが見える頃、凍った外便所で転倒して骨折、寝込むことになる。蒲団の中でセンは、字を覚えようとします。反故《ほご》紙にちびた鉛筆で、小学校入学を控えた孫娘に字を習うんです。何のためにか。遺書を書くためにです。そして何日か後に自ら命を絶ちます。

加藤 壮絶にして感動的。遺書を書くだけのために字を覚えるなんて。

呉 人類が初めて文字を知った時の感動とは別の、そして実はどこかでつながる感動だよね。その遺書も内容としてはどうということはない。家族への感謝の気持ちと後《ご》世《せ》の幸せを願う御詠歌《ごえいか》の一節のみ。たどたどしい文章です。

一人できて　一人でかいる　しでのたび
ハナのじよどに　まいる　うれしさ
ミナサン　あとわ　よロしくたのみます

上州訛りそのままだし、平仮名と片仮名も混用しているし、漢字も書けない。しかし、美しさと悲しみを湛えています。「一人で来て一人で帰る死出の旅」というのも生・死の本質を突いているよね。その向こうに「花の浄土」があるとするのは浄土宗の考えだし、本当に「うれしい」かどうかはわからない。しかし胸を打つものがあります。

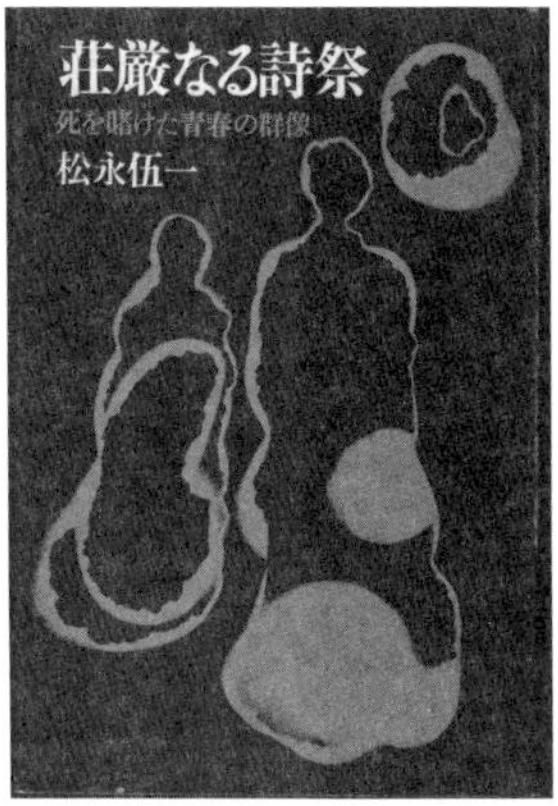

松永伍一『荘厳なる詩祭』

俺がこれを紹介して、朝倉喬司がさらに取材を重ねて一冊の本にした。これで木村センを知る人が増えた。糸井重里（一九四八～）も木村センについてネットなどで紹介してます。糸井も群馬出身だから、特に親しみがあったのかもしれない。

加藤　文字にしなければ消えてしまっていた想いが、書かれたことで遺って、伝えられてゆく。

呉　ところが、なんといおうか、そのおかげで『荘厳なる詩祭』の初版本の古書価が高騰してるんだよ（笑）。五千円とか八千円とかするらしい。

加藤　せちがらいリアリズム。

呉　もう一人がマルクス主義経済学者の岡崎次郎です。彼は『資本論』の翻訳もしていますが、マルクス主義の実践家ではない。それどころか、しばしば放蕩生活もする。そんな人生を振り返ってみた自省的あるいは自嘲的自伝。これが無類に面白い。書名からして自虐的でユーモラスで笑っちゃう。『マルクスに凭《もた》れて六十年』っていうんだから。自分のような半端者は、実はマルクスのおかげで生きてこられた。八十歳になる今考えてみると、成人後の六十年間はマルクスに凭れて生きていたようなもんだ、というんだね。

加藤　面白い人ですね。

呉　本の中に出てくる逸話、裏話がどれも面白い。ところが、この飄逸《ひょういつ》な自伝が実は遺書なんです。

加藤　え、すぐに亡くなったのですか。

呉　いや、そう簡単ではないから興味深い。この本を出版し、友人たちにこの本を贈呈し、家具等を処分してマンションを引き払い、老妻と二人で車に乗ってどこかへ旅立つ。家族は奥さんだけです。足跡を辿ると、何カ月間かあちこちの温泉旅館などに泊まったことがわかる。しかし、その後は生死、行方とも不明です。富士の樹海のようなところで死んだか、断崖絶壁から海へ飛び込んだか、全くわからない。知人たちは、奥さんと「西のほうに行く」と言ったのを聞いている。実際、関西、中国のほうに足跡は残っています。

この生き方、死に方は、何か感動するよね。悲しいわけではなく、楽しいわけでももちろんない。しかし、何かが胸に響くね。

岡崎次郎『マルクスに凭れて六十年』

加藤　奥さんもすべてを知った上で岡崎次郎についていったんでしょうね。

呉　俺は「週刊朝日」に話を持っていって、岡崎次郎の足取りを追跡させた。記事にもなりましたが、結局最後はわからなかった。『マルクスに凭れて六十年』は現代史の資料としても重要なので、復刻させようといくつかの出版社に働きかけたけど、著作権問題がネックになって、うまく行かなかった。著者が生死不明なので許諾が得られないんでね。生死不明ったって、いま生きてりゃ百十六歳だよ（笑）。

加藤　でもその本は面白そうだし貴重ですよね。

呉　ここでもそれが皮肉な結果となって、古書価が大暴騰、実に十万円ぐらいになっているんだよ。

加藤　マルクス主義経済学者の回顧録が、資本の論理に左右されてゆく。

呉　死と言葉。そして生の皮肉、逆説。木村センと岡崎次郎の死は、それを象徴しているように思います。

あとがき――遺される言葉

呉智英先生は、語りに語ってくださった。まるで、思いついたことは全て今ここで言っておきたいのだというように。その中には、ここで呉先生が語らなければ、もしかしたら永遠に忘れ去られてしまうかもしれないというようなレアな話もある。だから、読者の中には、死の議論の筋道を見失う方や、これではまるで読書案内本のようだと感じる方もおられるに違いない。でもそれこそが、最終章で私たちの考察が辿り着いたことなのである。生きて死を見つめ続ける力を支えるのも言葉、死んでしまうという有限性の克服となるのも言葉であった。この本は呉先生が、末期の言葉のように、遺言のように、辞世の句のようにして語られた言葉を記したものである。

そしてそれは、先生と私が互いに老いを実感するようになったから、今後の生き方と死に方をじっくり語り合ってみようという企画が立ちあがった頃には、全く予想もできなかった事態へと世界が変容し、否応なく、より鋭利な思考へと向かわざるを得ない差し迫った死の議論となったのである。

この対談は、当初は四回と計画されていた。初回は二〇二〇年一月二十五日に名古屋市の市政資料館の一室で、第二回は同会場で二月十三日に行われ、第三回は三月十四日に予定されていた。しかし、名古屋市の緊急事態宣言により市政資料館は閉館、対談は延期となる。結局、三回目は名古屋のウイルあいちで三月二十八日にかろうじて実施できたが、四回にわたる対談という当初の計画は断念せざるを得なかった。構成の適菜収氏と編集の鈴木康成氏が東京から名古屋へと、感染が懸念される新幹線で移動することを、呉先生が深く憂慮されての決断であった。

毎回、午後から夕方にかけての濃い対談が終わるとすぐに、呉先生は「じゃ、また！」と、颯爽と自転車で帰ってゆかれる。いつもお元気で、全く疲れを感じさせない。それでもやはりご高齢ではあり、対談でも語っておられるように持病もおありになるため、新型コロナウイルスに対しての感染防止は厳重で、同じ名古屋市内に住む私だが、最後の対談から刊行までの間、一度も会っていただけなかった。

今回、対談相手に選ばれた私は、呉先生から一回り年下（共に戌年）の名古屋の弟子の一人である。先生は名古屋に居を移された後、有志の集まりである名言塾で『論語』や『荘子』を講じて来られた。そこに私も参加していたのだが、実は先生との御縁の始まりは、遥か昔の一九八一年に遡る。先生が最初の御著書『封建主義、その論理と情熱』(情報センター出版局)を出版された時である。田舎の大学院生だった私は、その本を読んで驚き、手紙を送った。凄い本だと思う、もっともっと読みたいから、これからもどんどん書いて欲しいと。するとすぐにお返事をいただけた。書き手と同時代人であることの歓びを実感したものである。

あの時の気持ちは今も変わらない。この人の言葉をもっともっと聴きたい、先生が面白いと感じておられることを何でも話してもらって、驚きたい。そのあまりの時代錯誤ぶりと暴走に、呆れかえりたい。こちらがどんな反応をしても、強靭な健全さで快活に語り続けてくれる安定感が、凄い。透徹した調査と思索に裏付けられた論理と情熱が、些細な正誤や違和感を吹き飛ばしてしまうのである。ここには精緻なアカデミズムの研究とは全く違う、知の風が吹き荒れている。その荒々しい知の力強さには、他では体験できない娯楽性があり、たぶん、そこは呉智英という思想家が切り開いた地平だと思う。現在は、多くの書き手や語り手たちがこの開拓地で大活躍して、私たちを楽しませてくれている。
　死を考える本書だから、敢えて不穏当なことを書かせていただくが、やがて呉先生にも死が訪れるであろう。だから今のうちに出来るだけ多くを語っていただこう、音源も残しておいたほうがいいのではないかなどと、名古屋の弟子たちは話し合っている。もちろん文章も。個人の命の有限性を超える力を持つのが言葉であるのなら、少しでも多くの言葉を遺してほしい。そんな思いで、人類がコロナ禍に巻き込まれる寸前のところで語られた言葉を、ここにまとめている。封建主義者、かく語りき。やがていつの日か、先生は「じゃ、また！」と言って、颯爽と自転車で、孔子のほうへと走っていってしまうのだろう。その日まで、もっともっと言葉を。

二〇二一年二月　加藤博子

や行

ら行

わ行

な行

は行

ま行

さ行

た行

人名索引

あ行

か行

［著者紹介］

呉 智英

くれ・ともふさ／ごちえい

評論家。1946年生まれ。愛知県出身。早稲田大学法学部卒業。評論の対象は、社会、文化、言葉、マンガなど。日本マンガ学会発足時から十四年間理事を務めた（そのうち会長を四期）。東京理科大学、愛知県立大学などで非常勤講師を務めた。著作に『封建主義 その論理と情熱』『読書家の新技術』『大衆食堂の人々』『現代マンガの全体像』『マンガ狂につける薬』『危険な思想家』『犬儒派だもの』『現代人の論語』『吉本隆明という共同幻想』『つぎはぎ仏教入門』『真実の名古屋論』『日本衆愚社会』ほか他数。

加藤博子

かとう・ひろこ

文学者。1958年生まれ。新潟県出身。文学博士(名古屋大学)。専門はドイツ・ロマン派の思想。大学教員を経て、現在は幾つかの大学で非常勤講師として、美学、文学を教えている。また各地のカルチャーセンターで哲学講座を開催し、特に高齢の方々に、さまざまな想いを言葉にする快感を伝えている。閉じられた空間で、くつろいで気持ちを解きほぐすことのできる、「こころの温泉」として人気が高い。さらに最近は「知の訪問介護」と称して各家庭や御近所に出向き、文学や歴史、哲学などを講じて、日常を離れた会話の楽しさを提供している。著作に『五感の哲学——人生を豊かに生き切るために』。

死《し》と向《む》き合《あ》う言葉《ことば》
先賢《せんけん》たちの死生観《しせいかん》に学《まな》ぶ

2021年3月20日　初版第1刷発行

著者
呉《くれ》 智英《ともふさ》、加藤博子《かとうひろこ》

発行者
小川真輔

編集者
鈴木康成

発行所
株式会社ベストセラーズ
〒112-0013　東京都文京区音羽1-15-15　シティ音羽2階
電話　03-6304-1832（編集）　03-6304-1603（営業）

印刷所
錦明印刷

製本所
ナショナル製本

DTP
三協美術

JASRAC2101433-101

ISBN978-4-584-13976-9 C0095